Wandern ZU BERGSEEN in Tirol

Achensee, Zillertaler und Kitzbüheler Alpen

Alexander Hundertpfund

Tyrolia-Verlag · Innsbruck-Wien

Inhalt

Vorwort

Schon früh war ich ein richtiger „Berg-Fanatiker“: Berge haben mich schon immer magisch angezogen. Je höher, je steiler, desto lieber! Im Laufe der Zeit hat sich diese Leidenschaft gewandelt. Von meinen „wilden Jahren“ herausgewachsen, bin ich ruhiger geworden und habe es schätzen gelernt, die Berge nicht nur als „Sportgerät“ zu betrachten, sondern in ihnen auch Orte der Ruhe und Kraft zu sehen. Auch Bergseen zählen zu solchen Plätzen.

Als staatlich geprüfter Bergwanderführer und Skilehrer habe ich schon vielen Menschen die Naturschönheiten unserer Berge zeigen dürfen. Und hier waren es gerade die kleinen Bergseen, die die Gäste immer wieder fasziniert haben.

Dieser Führer schließt an „Wandern zu Bergseen rund um Innsbruck“ an und umfasst Teile der Tuxer sowie die Zillertaler und Kitzbüheler Alpen und links des Inns das Rofangebirge. Den Schwerpunkt bilden auf Grund der geologischen Verhältnisse die Gebiete nahe dem Alpenhauptkamm.

Dieser Führer soll Ihnen Anregungen geben für Genusswanderungen in das Reich der stillen und oft geheimnisvollen Wasser.

Völs, im März 2004

Alexander Hundertpfund
alexander_hundertpfund@hotmail.com

Einführung

Schwierigkeiten

Die in diesem Buch ausgewiesenen Touren sind nach den tirolweit geltenden Richtlinien des „Bergwege-Gütesiegels", welches seit einigen Jahren von der Tiroler Landesregierung vergeben wird, in unterschiedliche Schwierigkeitsgrade eingeteilt.
Die neuen Wegtafeln, die ganz nach dem Schweizer Vorbild seit einigen Jahren auch in Tirol aufgestellt werden, sind gelb und enthalten neben einem Wegweiser und der Gehzeit noch die Wegnummer und auch eine Schwierigkeitsangabe, die in Form eines farbigen Punktes dargestellt wird. Zusätzlich zu dieser gelben Tafel liefert eine kleinere Standorttafel auch noch Informationen über den Standortnamen und die Seehöhe, in der sich die Wegtafel befindet.

Schwierigkeiten der Wege

GELB (früher: BLAU) = ● **bzw.** ● **leicht.** Diese Wege sind lückenlos markiert, ausreichend breit und zumeist nur mäßig steil angelegt und nicht ausgesetzt. Sie sind somit auch für ungeübte Wanderer und Kinder sehr gut geeignet, entsprechendes Schuhwerk und der Witterung angepasste Kleidung sollten jedoch auch hier trotzdem niemals fehlen.
ROT = ● **mittelschwierig.** Rote Bergwege sind lückenlos markiert, überwiegend schmal, häufig steil angelegt und teilweise auch ausgesetzt. Kurze Wegabschnitte können mit Seilversicherungen abgesichert sein, die den Gebrauch von Händen bedingen. Solche Wege sind für einigermaßen trittsichere und entsprechend ausgerüstete Bergwanderer geeignet und setzen bei Schlechtwetter Bergerfahrung, bei guten Verhältnissen zumindest jedoch Aufmerksamkeit und Vorsicht voraus.
SCHWARZ = ● **schwierig.** Solche Bergwege sind lückenlos markiert, schmal, ganz oder zu einem großen Teil sehr steil angelegt und oft ausgesetzt. Schwarze Wege können versicherte Kletterpassagen aufweisen und oft gefährlich sein und sollten daher nur von sehr trittsicheren, konditionsstarken, absolut schwindelfreien und alpin wirklich erfahrenen Berg-

Der zweigeteilte Scheibensee mit Blick zum Torhelm (2494 m), dem Hauptgipfel der Wilden Krimml (Tour Seite 41).

steigern mit der den Anforderungen des Weges entsprechenden Bergausrüstung begangen werden.
Zu schwarzen Wegen zählen auch Klettersteige und Gletscherübergänge, wobei bei Letzteren eine offizielle Wegmarkierung komplett fehlt und beim Begehen solcher noch zusätzliche Sicherheitsmaßnahmen berücksichtigt werden müssen.
Die jeweiligen Schwierigkeitseinstufungen werden nach der schwierigsten Stelle des gesamten Weges vorgenommen und gelten bei günstigen Verhältnissen. Durch Schneefelder im Frühjahr oder durch Neuschneefälle im Herbst, durch starke Nässe nach Gewittern genauso wie durch etwaige Vermurungen nach Unwettern oder Steinschlägen können diese Schwierigkeiten jedoch erheblich ansteigen.

Gehzeiten

Die angeführten Zeitangaben sind als reine Gehzeit ohne sonstige Aufenthalte wie etwa Rasten oder Fotostopps zu verstehen. Sie gelten für Erwachsene mit durchschnittlicher

Gehgeschwindigkeit. Bei der Mitnahme von Kindern sind die Gehzeiten je nach Leistungsfähigkeit des Kindes dementsprechend länger zu kalkulieren.

Berg- bzw. Wanderbekleidung

Zu einer guten Bergbekleidung gehören in erster Linie einmal feste Bergschuhe oder zumindest feste Trekkingschuhe, die bis über die Knöchel hinaufreichen und eine griffige Sohle aufweisen. Turnschuhe, Halbschuhe oder sogar Sandalen, wie sie einem nicht selten in unseren Breiten begegnen, haben am Berg absolut nichts verloren! Zusätzlich zu einem festen Schuhwerk gehört auch warme Unter- sowie eine wind- und wasserfeste Außenbekleidung (Gore-Tex o. Ä.). Diese sollte auch bei schönem Wetter unbedingt zur Standardausrüstung bei Bergtouren gehören, da sich die Witterungsverhältnisse in der Höhe relativ rasch ändern können. Bei Bergtouren in höhere Lagen ist die Mitnahme von Mütze/ Stirnband und evtl. auch Handschuhen zu empfehlen.
Vergessen Sie – auch bei kurzen Touren – nicht darauf, ausreichend Proviant und vor allem Flüssigkeit (gezuckerten Tee, isotonische Getränke, verdünnte Fruchtsäfte etc. – Achtung: keinen Alkohol!) mitzunehmen!
Hinterlassen Sie zu Hause oder im Quartier immer genaue Angaben über das Tourenziel und die geplante Rückkehr!
Bleiben Sie auf den markierten Wegen! Verzichten Sie auf „Abschneider" und schonen Sie die Natur!

Im Notfall

Wie verständigt man die Bergrettung? Wirkungsvoller als der „Alpine Notruf" (sechs optische oder akustische Zeichen in der Minute) ist zumeist ein Notruf über das Handy: 140 = Bergrettung, 112 = Euro-Notruf.
Auch sollte man immer ein ERSTE-HILFE-SET (Pflaster, Dreieckstuch, Mullbinden, Schere, sterile Wundauflagen, sterile Handschuhe, Klebeband und Alu-Rettungsdecke) mit sich führen, um sowohl bei kleineren Wehwehchen wie etwa Blasen als auch bei größeren Wunden nicht ganz ratlos dazustehen.

Delpssee, 1595 m

Ein Smaragd an der Grenze zu Bayern

Lage: Im Karwendel zwischen Delpsjoch und Stierjoch, direkt an der Grenze zu Bayern
Schwierigkeit: Streckenweise steil und ausgesetzt, für erfahrene Wanderer aber kein Problem.
Gehzeit: ↑ 3 Std., ↓ 2 Std.
Höhenunterschied: 950 m
Landkarte: Mayr WK 30 – Achensee
Ausgangspunkt: An der Straße nach Hinterriss / Parkplatz bei der Bushaltestelle „Lecktal" (885 m) zwischen dem GH Kaiserhütte und Hinterriss
Anfahrt: Inntalautobahn – Ausfahrt Wiesing/Achensee – Achenkirch – Sylvensteinsee (D) – Vorderriss (D) – Risstal (Mautstraße)
Auskünfte: Tourismusverband Vomp, Tel. 05242/62616, E-Mail: info@vomp.tirol.at

An schönen Sommertagen leuchtet der Delpsee in zahlreichen smaragdenen Grüntönen, die einen zauberhaften Anblick bieten.

Wegbeschreibung

Vom Parkplatz geht es kurz einen breiten Almweg den Leckbach entlang, bis linker Hand der Steig zur Tölzer Hütte abzweigt. Über diesen nun zuerst durch Wald, später über die

latschendurchsetzten Südhänge des Wiesingberges mäßig steil in nordwestlicher Richtung hinein in den oberen Bereich des Pfandlochgrabens. Bei der dortigen Weggabelung zweigt man links ab und gelangt über eine steile Weganlage in vielen kleinen Serpentinen hinauf in ein flacheres Karbecken und weiter bis zur bereits sichtbaren Tölzer Hütte (1835 m). – ab Parkplatz 2½ Std. Von der Hütte am Delpshals geht es anschließend auf der anderen Jochseite wieder hinunter, zuerst recht steil, später flacher werdend hinein in ein lang gezogenes Kar und durch dieses zum schon weithin sichtbaren Delpssee.

Abstieg: wie Aufstieg.

Am Delps See
Mit seinen Maßen von etwa 100 mal 80 Metern und wenigen Metern Tiefe zählt dieser See zusammen mit seinem etwas kleineren Nachbarn keineswegs zu den kleinsten Tiroler Bergseen, dennoch ist er, wohl aufgrund seiner versteckten Lage am Nordrand des Karwendelgebirges, nur den wenigsten Bergfreunden bekannt.

Karte Tour 2 ▷

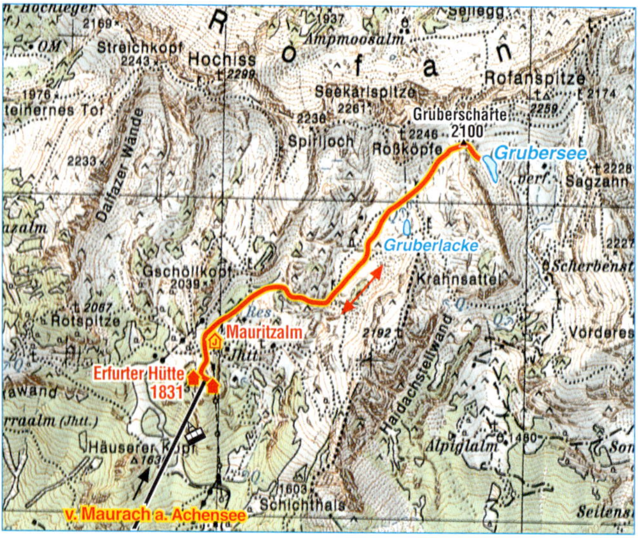

Grubersee und -lacke, 2030 m

Im Rofan zwischen Felsschutt und Bergwiesen

Lage: Zentral im Rofangebirge, zwischen Erfurter Hütte und Sonnwendjochhaus
Schwierigkeit: Einfache Wanderung mit schönem Aussichtscharakter
Gehzeit: ↑ 1–1½ Std., ↓ ¾ Std.
Höhenunterschied: ↑↓ je 299 m
Landkarte: Mayr WK 30 – Achensee
Ausgangspunkt: Maurach a. Achensee, Talstation der Rofanseilbahn (975 m)
Anfahrt: Inntalautobahn – Ausfahrt Wiesing/Achensee – Maurach a. Achensee
Auskünfte: Tourismusverband Maurach a. Achensee, Tel. 05243/5340, E-Mail: Maurach@aon.at; Rofanseilbahn AG, Tel. 05243/5292, E-Mail: Rofanseilbahn@aon.at; Erfurter Hütte, Tel. 05243/5517

Wegbeschreibung
Von Maurach mit der Rofanseilbahn hinauf zur Erfurter Hütte (1831 m, bewirtschaftet). Von hier vorbei an der Mauritz-Hochalm, wandert man auf dem Weg Nr. 401 in einem leichten Rechtsbogen in sanfter Steigung bis zu einer Quelle. Anschließend über die „Mauritzstiege" etwas steiler ins Hochtal Gruber. Nach einem Abstieg, eine Gedenktafel passierend, erreicht man die Gruberlacke. Nun zunehmend steiler werdend, in nordöstlicher Richtung zur Gruberscharte (2100 m) oberhalb des Grubersees. Nach wenigen Metern rechts ab und weglos rund 70 Höhenmeter über Wiesen hinunter zum See.

Abstieg: wie Aufstieg.

Am Grubersee
Der 200 m lange, knapp 50 m breite und ca. 3 m tiefe Grubersee weist einen beachtlichen Bestand an Saiblingen auf, die aufgrund des begrenzten Futterangebotes in dieser Höhe aber nicht allzu groß werden.

Blick über den Grubersee zum spitzen Gipfel des Sagzahns und dem Vorderen Sonnwendjoch (rechts).

Einst, vor langer Zeit …

Im Vorderen Sonnwendjoch, unweit des Grubersees, lebte einst eine Weiße Frau, die ihr Jagdrevier in dieser Gegend hatte. Einmal betrat der junge Ritter Mehrnstein das Revier, und als die zwei einander begegneten, gewannen sie einander sehr lieb. Die schöne Bergfrau schließlich schenkte Mehrnstein einen Ring, mit dem er an alle Felsen klopfen und sie rufen konnte. Er schwor ihr seine Liebe, Schonung ihrer Tiere und Freude an ihren Gewässern. Einige Zeit später tafelte der Ritter in Innsbruck am Kaiserhof, wobei er sein Versprechen vergaß, eine andere küsste und ihr den Ring schenkte. Schon am nächsten Tag stand die Verlassene vor ihm, ließ den Ring traurig zurück in die Hand des Ritters gleiten, öffnete ein Bergtor und sagte ihm noch einmal, wie sehr sie ihn geliebt habe. „Ach, was alles hast du beschworen – nie den Ring zu verlieren, nie meine Tiere zu verfolgen! Ihr Menschen wisst euer Wort nicht zu halten!"
Dann schloss sich das Felsentor vor dem Ritter und die Frau vom Vorderen Sonnwendjoch ward nie wieder gesehen. Mehrnstein aber wurde seiner Lebtage nie wieder froh!

Zireiner See, 1799 m

Größter See im Rofan

Lage: Im östlichen Rofangebirge, hoch über dem Inntal
Schwierigkeit: Unschwierig, auch für Kinder gut geeignet
Gehzeit: ↑ 1 Std., ↓ 2½–3 Std.; Variante (Rundtour): ca. 2 Std.
Höhenunterschied: ↑ 165 m, ↓ 1264 m
Landkarte: Mayr WK 30 – Achensee
Ausgangspunkt: Kramsach (535 m), Talstation der Sonnwendjochbahn
Anfahrt: Inntalautobahn – Ausfahrt Kramsach
Auskünfte: Tourismusverband Kramsach, Tel. 05337/62209, E-Mail: kramsach@tirol-pur.at; Bergbahnen Sonnwendjoch, Tel. 05337/62563; Bayreuther Hütte, Tel. 0664/3425103

An schönen Sommer- und Herbsttagen leuchtet der Zireiner See in strahlendem Blau und Grün, abgelöst nur vom Grau der senkrecht abstürzenden Felswände der Rofanspitze, die sich im klaren Wasser des Sees spiegeln.

Wegbeschreibung

Von der Bergstation der Sonnwendjochbahn (1785 m) zuerst leicht abwärts Richtung Westen, vorbei an einer kleinen Karsthöhle, bis zu einem Wegweiser. Hier nun rechts ab und zunehmend steiler hinauf auf den breiten Rücken des Rosskogelsattels. Hier links über Almwiesen nach Westen an dessen Westende; nun steil, in Serpentinen hinunter zum Zireiner See.

Abstieg

Vom Westende des Sees einige Minuten bergauf bis zu einer Verflachung, beim Wegweiser links ab und auf dem Weg Nr. 412 zuerst eben, später zunehmend steiler hinunter zur Zireiner Alm (1698 m). Nun kurz dem Forstweg entlang bis zur ersten Kehre, hier rechts ab und über einen Steig leicht anstei-

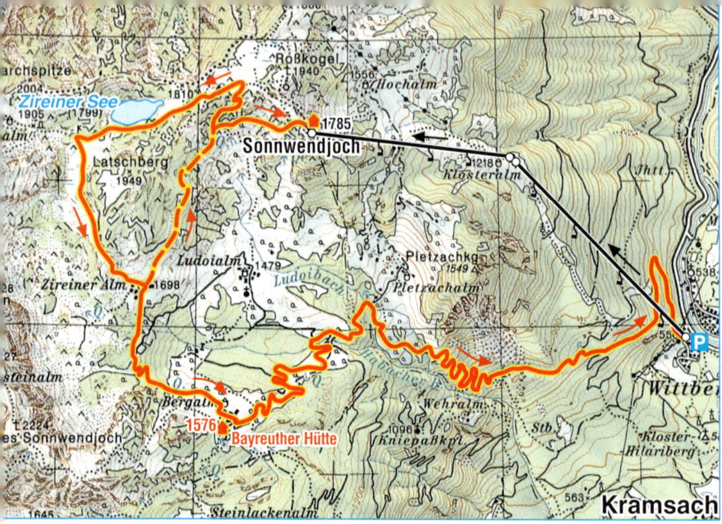

gend zur Bayreuther Hütte (1576 m, bewirtschaftet). Von dort über die Forststraße hinunter zum Pletzachgatterl und weiter durch den Wald, vorbei am beeindruckenden Felssturz „Im roten Gschöss“, zurück zur Talstation der Sonnwendjochbahn.

Variante

Wer den langen Abstieg bis ins Tal scheut, kann auch eine Rundtour machen, indem er von der Zireiner Alm über einen markierten Steig zurück zur Bergstation der Sonnwendjochbahn gelangt.

Am Zireiner See

Umrahmt von Rofanspitze, Marchspitze, Rosskogel und Latschberg liegt der 370 m lange, 170 m breite und 15 m tiefe Zireiner See. In Wiesen eingebettet, lädt der See zum längeren Verweilen ein und bietet auch für Kinder einen idealen Rast- und Spielplatz.

Wissenswertes

Nahezu jedes Kalkgestein ist wasserempfindlich, da es als Regen, Tau oder Schmelzwasser den Kalk (Carbonat) aus dem Gestein herauslöst. Die Folge sind Auswaschungen und Hohlräume, wie die Karsthöhle am Weg zum Zireiner See. Solche Karsterscheinungen sind im Rofan sehr häufig anzutreffen.

Der Zireiner See mit Rofanspitze und Hochiss im Hintergrund.

Pfundsalmseen, 2290 m

Im wasserreichen Finsing-Quellgebiet

Lage: Die Seelein sind am Ende des Finsinggrundes über das gesamte Pfundsalmgebiet verteilt.
Schwierigkeit: Für gehtüchtige Bergwanderer kein Problem, manche Wegstrecken sind allerdings schlecht markiert und nicht immer gut auszumachen.
Gehzeit: ↑ 3–3½ Std., ↓ 2 Std.
Höhenunterschied: ↑↓ 816 m
Landkarte: Mayr WK 31 – Vorderes Zillertal
Ausgangspunkt: Hochfügen (1474 m)
Anfahrt: Inntalautobahn – Ausfahrt Wiesing/Zillertal – Fügen – Hochfügen
Auskünfte: Tourismusverband Fügen, Tel. 05288/62262, E-Mail: tvb.fuegen@tirol.com

Umfasst von den Liften der Hochfügener Bergbahnen und der Zillertaler Höhenstraße, liegen die Pfundsalmseen etwas abseits, sodass sich nur selten ein Wanderer dorthin verirrt. Über den See hinweg herrliche Aussicht auf die östlichen Zillertaler Alpen.

Wegbeschreibung

Von Hochfügen über den breiten Almweg U4 am Finsingbach entlang, hinauf zum Pfundsalm-Niederleger (1640 m) und weiter bis zur letzten Kehre vor dem Pfundsalm-Mittelleger. Hier nun geradeaus über den Bach und anschließend entweder über den rechts beginnenden Steig oder weiter über den Almweg in langen Serpentinen hinauf zur Rosskopfalm (1930 m). Nun geht es über einen hier einmündenden Steig mäßig steil auf das Sidanjoch (2127 m), dort rechts ab und in leichter Steigung dem Kamm entlang Richtung Rosskopf. An einem markanten Steinmann vorbei bis zur gleich dahinter liegenden Erhöhung, um diese herum zu einer nur angedeuteten Weggabelung; dort rechts über einen schlecht markierten Steig (Steigspuren) geradewegs hinüber zum ersten der Pfundsalmseen. Zuletzt an diesem vorbei und über den später etwas steiler werdenden Steig bis knapp unterhalb des Pfundsjochs zu den zwei obersten Pfundsalmseen (2290 m).

Abstieg

Vom obersten See weglos, aber unschwierig, einem kleinen Bachlauf folgend, über Alpinrasen hinunter zum neu gebauten, breiten Almweg und über diesen zurück zum Pfundsalm-Mittelleger und weiter nach Hochfügen.

An den Pfundsalmseen

Vom Sidanjoch, den gesamten Kammverlauf entlang in Richtung Rosskopf, wandert man an unzähligen kleinen Lacken und Seen vorbei. Die drei größeren, die Pfundsalmseen, befinden sich unweit des Pfundsjochs, auf flach ausgedehnten Karböden, der größte etwa 90 x 40 Meter.

Wissenswertes

Um die Hochwasser- und Murengefahr für Fügen zu vermindern, hat man im Finsinggrund neue Schutzmaßnahmen ge-

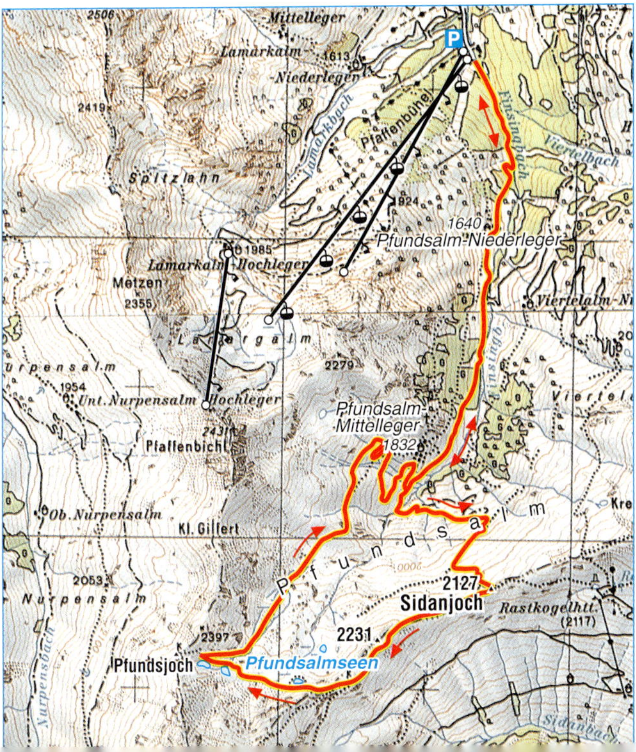

*Blick auf eine der zahlreichen,
über das Gebiet der Pfundsalpe verstreuten Lacken,
in der sich der Gipfel des 2423 m hohen Kraxentragers spiegelt.*

troffen: weg von künstlichen Verbauungen, hin zur Integralmelioration. Dabei werden bestehende Almgebiete, deren Böden durch die kontinuierliche Bewirtschaftung stark verdichtet werden, was somit zu einem verstärkten und ungebremsten Oberflächenabfluss der Niederschläge führt, gezielt verkleinert. Die gewonnenen Flächen werden nun mit Bäumen oder Zwergsträuchern wie Alpenrosen bepflanzt, wodurch der starke Abfluss nach sommerlichen Gewitterregen gebremst wird, was wiederum die Hochwassergefahr im Tal mindert.

Eiskarsee, 2370 m

Beschauliches Wanderziel im Tuxer Seengebiet

Lage: Nahe dem Hippoldjoch, einem Übergang vom Tuxer Tal ins Wattental
Schwierigkeit: Für ausdauernde Bergwanderer eine einfache Tour
Gehzeit: ↑ 3 Std., ↓ 2 Std.
Höhenunterschied: ↑↓ 770 m
Landkarte: Mayr WK 33 – Zillertaler Alpen
Ausgangspunkt: Vorderlanersbach-Schöneben Parkmöglichkeit bei der letzten großen Kehre über dem Hobarbach (1600 m) beim Geislerhof
Anfahrt: Inntalautobahn – Ausfahrt Wiesing/Zillertal – Mayrhofen – Vorderlanersbach-Schöneben
Auskünfte: Tourismusverband Tux, Tel. 05287/8506, E-Mail: info@tux.at

Wegbeschreibung

Den kurz vor der letzten Kehre vor dem Geislerhof beginnenden, noch asphaltierten Güterweg Nr. 315 Richtung Hobalm entlang, und in zunehmender Steigung hinauf in das Gebiet „Geiselanger“ mit seinen zahlreichen Hütten und Stadeln. Von dort taleinwärts, vorbei an der Abzweigung zur Geiselalm, auf dem nunmehr bezeichneten Weg Nr. 47 zur Hobalm (1800 m), wo die Asphaltstraße endet. – Ab Parkplatz hierher ¾ Std. Anschließend geht es, immer dem breiten Almweg folgend, in einer großen Doppelkehre etwas steiler die Südhänge des Hobarjochs hinauf bis zu einer weiteren Abzweigung. Diese außer acht lassend, erreicht man geradeaus bei sanfter Steigung bald den Hobarbach und die am gegenüberliegenden Ufer etwas höher gelegene Vallruckalm (2132 m). Nun auf einem Steig in Richtung Hippoldjoch, bis sich kurz nach der Überschreitung des zweiten zweier kleiner Bäche der Weg erneut gabelt. Man biegt nun nicht nach rechts Richtung Joch, sondern nach links ab, wo es in einem scharfen S-Bogen steil zum See hinaufgeht. Die Karwände, die den See einfassen, bilden ein eindrucksvolles Ensemble.

Abstieg: wie Aufstieg.

Am Eiskarsee

Die wichtigsten Seen im Tuxer Tal, der Eiskarsee, der Junsee und der Torsee, weisen ähnliche Merkmale auf. Der ca. 125 m lange und 80 m breite Eiskarsee wird vorwiegend durch unterirdische Zuflüsse gespeist und weist mit 15 Metern eine beachtliche Tiefe auf.

Junssee, 2650 m

Größter See in den Tuxer Alpen

Lage: In einem kleinen Seitental des Tuxer Tales, am Südende der Tuxer Voralpen
Schwierigkeit: Technisch unschwierige Tour, die jedoch ein überaus großes Maß an Ausdauer verlangt
Gehzeit: ↑ 4½–5 Std., ↓ 3 Std.
Höhenunterschied: ↑↓ 1310 m
Landkarte: Mayr WK 33 – Zillertaler Alpen
Ausgangspunkt: Tux / Ortsteil Juns (1340 m), Parkplatz direkt an der Hauptstraße bei der Abzweigung zur Alten Mühle
Anfahrt: Inntalautobahn – Ausfahrt Wiesing/Zillertal – Mayrhofen – Tuxer Tal – Lanersbach – Juns
Auskünfte: Tourismusverband Tux,
Tel. 05287/8506, E-Mail: info@tux.at

Äußerst karg erscheint die mit vorwiegend Fels und Schutt dominierte Berglandschaft rund um den Junssee. Gerade deshalb aber ist der See ein echtes Juwel, weil er mit seiner mattgrünen Farbe und dem erfrischenden Wasser wie eine blühende, lebensspendende Oase inmitten einer grauen, fast tot wirkenden Felswüste hervorsticht.

Wegbeschreibung
Vom Parkplatz aus wandert man zuerst die kleine Dorfstraße entlang hinauf zum Ortsteil „Zarge" und von dort über wenige Serpentinen weiter bergauf bis zur ersten Weggabelung. Bei dieser links abzweigend geht es hinein in das Junstal und in einem langen Rechtsbogen in mäßiger Steigung bis zum Junsalm-Niederleger (1767 m). Von dort führt der Almweg in mehreren Kurven in gut einer ¾ Std. zuerst etwas steiler, später wieder flacher werdend, an zahlreichen Almhütten vorbei hinauf zur Jausenstation Stoankasern. – Ab Parkplatz: ca. 1¾ Std. (bis hierher auch 2x wöchentlich Wandertaxi. Nähere Infos: TVB Tux). Nun geht es auf dem Weg Nr. 35 in nur leichter Steigung dem Junsbach rechter Hand entlang, bis dieser „An der Needer" überquert wird und der Steig am gegenüberliegenden Ufer, zunehmend steiler werdend, bis hinauf auf die „Toten Böden" führt. In mäßiger Steigung westwärts quer über diese bis hin zu einer Weggabelung, hier biegt man anschließend links ab und wandert über grasdurchsetzte Felsflanken hinauf auf den Kamm zwischen Geierspitze und Sagenhorst. Diesem kurz entlang, geht es zu guter Letzt bei der folgenden Weggabelung rechts ab und in wenigen Minuten hinunter zum See.

Abstieg: wie Aufstieg.

Am Junssee
Mit einer Länge von 216 m und einer Breite von 101 m zählt der 14 m tiefe Junssee neben dem Torsee zu den größten Bergseen im Tuxer Voralpengebiet. Neben zahlreichen temporären Zuflüssen aus Schneefeldern hat der im wissenschaftlichen Sinne als Felsbeckensee ausgewiesene Junssee nordseitig einen oberirdischen Hauptzufluss, der Großteil des Wassers sickert jedoch unterirdisch in den See.

Wissenswertes
Der Junssee ist für seine Lage abseits jedweden Gletschers in seinem Einzugsgebiet mit einem ganz untypischen Charakteristikum gekennzeichnet, nämlich mit einer milchig Trüben Grünfärbung. Was bei Gletscherseen gang und gäbe ist, da durch das Schmelzwasser des Gletschers ständig winzige Sand- und Steinpartikel mitgeführt werden, die zu dieser

Wassertrübung führen, ist beim Junssee eine eher selten vorkommende Besonderheit. Das Schneeschmelz- und Niederschlagswasser nämlich, welches den Junssee ausschließlich speist, würde eigentlich ein beinahe glasklares Seewasser bedingen, durch den stark vorhandenen Schutt auf seinem unterirdischen Weg in den See nimmt das Zuflusswasser aber vermutlich so viel an Schwebstoffen mit, dass es zu dieser speziellen Trübfärbung kommt.

Der Wesendlekarsee nach einem ersten herbstlichen Schneefall: dicke Nebelschwaden umhüllen ihn, und bald wird sein tiefgrünes Wasser von einer Eisschicht bedeckt sein (Tour 7).

Wesendlekarsee, 2368 m

Aussichtsreicher See am Berliner Höhenweg

Lage: Im hintersten Zillertal, an der Südostflanke des Hohen Rifflers
Schwierigkeit: Keine schwierige Tour, aber Ausdauer und Bergerfahrung sind wegen der Länge und Steilheit des Weges notwendig. Nur bei trockenem Wetter empfehlenswert!
Gehzeit: ↑ 3½ Std., ↓ 2½ Std.;
Variante (Rundtour): gesamt 6–6½ Std.
Höhenunterschied: ↑↓ 1202 m;
Variante: ↑ 1314 m, ↓ 1224 m
Landkarte: Mayr WK 33 – Zillertaler Alpen
Ausgangspunkt: Ginzling / Bushaltestelle (1166 m) bei der Materialseilbahn für die Birglbergalm, ca. 5 km nach Ginzling im Zemmgrund
Anfahrt: Inntalautobahn – Ausfahrt Wiesing/Zillertal – Mayrhofen – Ginzling – Straße zum Schlegeisspeicher
Auskünfte: Tourismusverband Mayrhofen, Tel. 05285/6760, E-Mail: mayrhofen@zillertal.tirol.at

Wegbeschreibung

Von der Haltestelle auf dem Almweg ein kurzes Stück talauswärts, bis zur Zemmbachbrücke, über die die Hauptstraße führt. Hier geht es nun links ab und über einen Steig großteils durch Wald steil und in Serpentinen hinauf zur Gschwand-

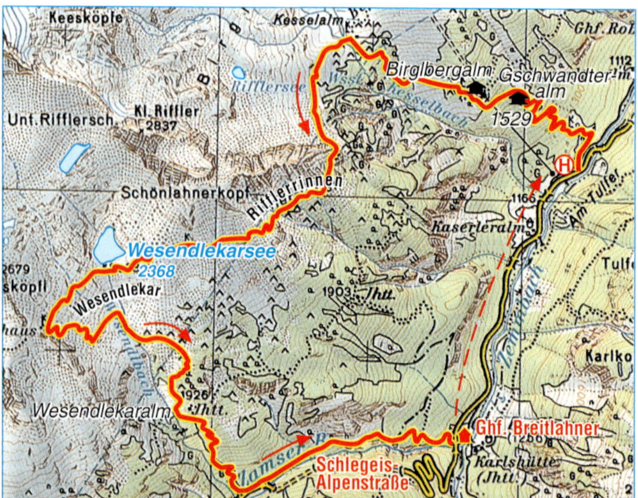

teralm (1529 m) und etwas flacher weiter zur Birglbergalm (1651 m) – ab Parkplatz ca. 1½ Std. Anschließend durch Latschenhänge und Bergwiesen mäßig steil weiter und, dem Kesselbach immer näher kommend, hinauf zum Berliner Höhenweg (Nr. 536). Diesen nun linker Hand entlang, und in nur leichtem Bergauf um den Ostgrat des Hohen Rifflers herum in die so genannten Rifflerrinnen. Hier überschreitet man mehrere kleine Bäche, bevor es hineingeht in das Wesendlekar und zum Wesendlekarsee.

In dieser urweltlichen, von grobem Blockwerk dominierten Hochgebirgslandschaft weitet sich der Blick auf die vielen vergletscherten 3000er des Zillertaler Hauptkammes – ein Schauen ohne Ende.

Abstieg: wie Aufstieg.

Variante (Rundtour)
Vom Wesendlekarsee geht es auf dem Berliner Höhenweg kurz in südwestlicher Richtung und mittlerer Steigung weiter bis zur nächsten Weggabelung knapp unterhalb einer kleinen Scharte. Hier wandert man nun nicht hinauf in Richtung Friesenberghaus, sondern biegt links ab und folgt dem Steig Nr. 530 in mäßiger Steigung hinunter ins Wesendlekar. Anschließend über den Wesendlebach, dann sehr steil bergab, vorbei an der Wesendlekaralm (1910 m), hinunter bis zur Schlegeisstraße. Dort bleibt man auf dem Steig und folgt diesem, zuerst ein kurzes Stück parallel zur Straße, anschließend auf der linken Schluchtseite des Zamser Baches talauswärts bis hinunter zum GH Breitlahner (1256 m, bewirtschaftet) und zur Bushaltestelle, von wo es mit dem Linienbus zurück zum Ausgangspunkt geht.

Am Wesendlekarsee
Der 237 m lange, 210 m breite und ca. 4 m tiefe Wesendlekarsee liegt zwar unmittelbar am Berliner Höhenweg, jedoch abseits des viel besuchten Schlegeisspeichers und des Weges auf den Hohen Riffler, wodurch er auch an schönen Tagen nicht allzu überlaufen ist.

Die mächtigen Wände des Wesendlekares und der Gipfel des Hohen Rifflers, wie sie sich im glatten Wasser des Wesendlekarsees spiegeln.

Friesenbergsee, 2444 m

Kühle Schönheit nahe dem Friesenberghaus

Lage: Unterhalb der Friesenbergscharte, einem Übergang vom Tuxer Tal in den Zamser Grund
Schwierigkeit: Leichte Wanderung mit hohem Erlebnischarakter, auch für Kinder problemlos
Gehzeit: ↑ 2½ Std., ↓ 1½ Std.; Variante: ca. 1½ Std.
Höhenunterschied: ↑↓ je 639 m
Landkarte: Mayr WK 33 – Zillertaler Alpen
Ausgangspunkt: Dominikushütte (1805 m) am Schlegeisspeicher
Anfahrt: Inntalautobahn – Ausfahrt Wiesing/Zillertal – Mayrhofen – Ginzling – Schlegeisspeicher (Mautstraße)
Auskünfte: Tourismusverband Mayrhofen, Tel. 05285/6760, E-Mail: mayrhofen@zillertal.tirol.at; Friesenberghaus, Tel. 0676/7497550

Wegbeschreibung

Von der Dominikushütte aus in sanfter Steigung den gut ausgebauten Steig Nr. 532 anfangs durch Zirbenwälder, später über Latschenhänge und Almwiesen in nördlicher Richtung hinauf zur kleinen Friesenbergalm (2036 m). Von dort in einem kleinen Linksbogen fast eben um den Rücken des Alblegg herum, bevor es hineingeht in das Lapenkar. Über den Lapenkarbach, und nun abwechselnd in Serpentinen und in lang gezogenen Linksbögen den Steig entlang, immer in nur mäßiger Steigung hinauf zum schon von fern sichtbaren Friesenberghaus (2498 m, bewirtschaftet). Von

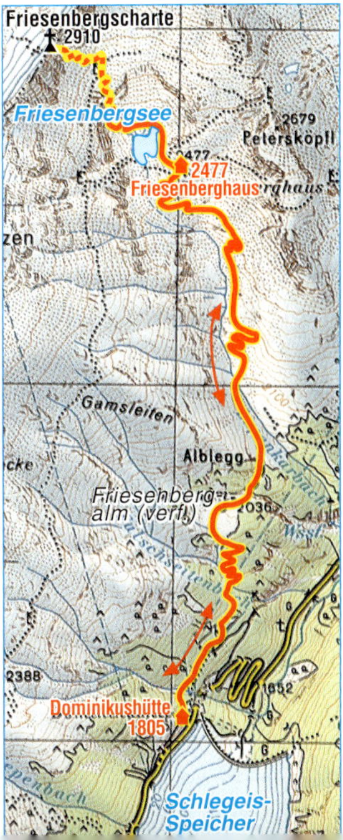

Die erst jüngst wieder neu aufgebaute Friesenbergalm.

dort nun entweder auf dem Weg Nr. 526 in Richtung Friesenbergscharte oder auf dem Weg Richtung Olpererhütte kurz hinunter zum Friesenbergsee.

Variante
Ein kurzer Abstecher auf die Friesenbergscharte (2912 m, Gehzeit ab Hütte ca. 1 Std.) belohnt nicht nur mit einem herrlichen Ausblick auf den Friesenbergsee, sondern nördlich auf den beeindruckenden Tuxer Ferner (Hintertuxer Gletscherskigebiet).

Abstieg: wie Aufstieg.

Am Friesenbergsee
Vom ca. 200 m langen, 140 m breiten und nur wenige Meter tiefen Friesenbergsee aus hat man nicht nur einen herrlichen Blick auf den Großen Möseler (3480 m) und den Hohen Riffler, man sieht auch hoch über sich die Gefrorene-Wand-Spitzen (3288 m) mit der Bergstation der Hintertuxer Gletscherbahnen.

Einst, vor langer Zeit …
Die Friesenbergscharte ist ein uralter Übergang zwischen dem Tuxer Tal und dem hinteren Zillertal. Schon vor Jahrhunderten nahmen die Menschen diesen Weg von Südtirol über das Pfitscher Joch nach Tux.

Schrammachkarseen, 2300 m

Von Olperer und Schrammacher bewacht

Lage: Am südlichen Tuxer Hauptkamm, zwischen Alpeiner Scharte und Pfitscher Joch
Schwierigkeit: Problemlos für etwas bergerfahrene Wanderer
Gehzeit: ↑ 2 Std., ↓ 1 Std.
Höhenunterschied: ↑↓ 515 m
Landkarte: Mayr WK 33 – Zillertaler Alpen
Ausgangspunkt: Parkplatz „Zamsgatterl“ am Schlegeisspeicher (1785 m)
Anfahrt: Inntalautobahn – Ausfahrt Wiesing/Zillertal – Mayrhofen – Ginzling – Schlegeisspeicher (Mautstraße)
Auskünfte: Tourismusverband Mayrhofen, Tel. 05285/6760, E-Mail: mayrhofen@zillertal.tirol.at

Wegbeschreibung

Vom Parkplatz am Stausee geht es auf der westlichen Flussseite zuerst einige Minuten einen Wirtschaftsweg entlang, bis dieser bei seiner ersten Kehre in einen Steig (Weg Nr. 535) mündet. Auf diesem nun zunächst durch lichten Zirbenwald, später durch Latschenhaine und Alpinrasen in nur mäßiger Steigung hinein in das Unterschrammachkar und in Richtung Unterschrammachbach. Über diesen hinweg (Höhenpunkt 2120), durchquert man anschließend den kleinen Talboden in nur sanfter Steigung entlang des Baches, bevor es über eine Karstufe steiler auf den Hinterboden hinaufgeht. Hier macht

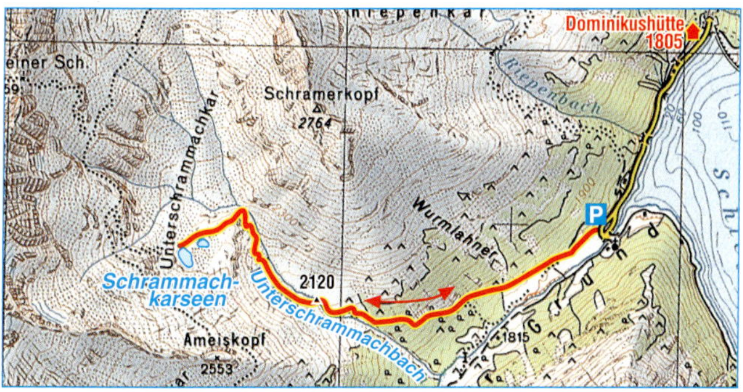

Der Schlegeisspeicher im Zamser Grund mit seiner 725 m langen Staumauer, der Zillertaler Hauptkamm im Hintergrund.

der Weg einen scharfen Linksknick, und weiter wandert man nunmehr in südwestlicher Richtung bei geringer Steigung in wenigen Minuten zuerst zum Unteren See und zum gleich dahinter liegenden Oberen Schrammachkarsee.

Abstieg: wie Aufstieg.

An den Schrammachkarseen

Der Untere und Obere Schrammachkarsee – bis zu 105 Meter lang und 75 Meter breit, 2 bis 3 Meter tief – bilden die südlichsten Bergseen in den äußerst gewässerreichen Tuxer Alpen

Wissenswertes

Der Schlegeisspeicher ist der größte der drei Stauseen in den so genannten „Inneren Gründen" im hinteren Zillertal. Fertiggestellt bereits im Jahr 1971, staut die über 130 m hohe und an der Krone 725 m lange Schlegeis-Staumauer die alljährlich im Sommer durch das Abschmelzen von Schnee und Eis gewonnenen Wassermassen im Zamser Grund. Bei intensiven Regenperioden dienen diese Stauseen auch als Rückhaltebecken und mindern so die Überschwemmungsgefahr im Zillertal.

Schwarz- und Eissee, 2674 m

Im Einzugsgebiet der Berliner Hütte

Lage: im hintersten Zillertal, zwischen Berliner Hütte und Zsigmondyspitze.
Schwierigkeit: Lohnende, technisch unschwierige Zweitagestour. Als eintägige Tour ist gute Kondition Voraussetzung.
Gehzeit: ↑ ca. 5 Std., ↓ 3½ Std.
Höhenunterschied: ↑↓ 1417 m
Landkarte: Mayr WK 33 – Zillertaler Alpen
Ausgangspunkt: Ginzling / Parkplatz (gebührenpflichtig) beim GH Breitlahner (1257 m)
Anfahrt: Inntalautobahn – Ausfahrt Wiesing/Zillertal – Mayrhofen – Ginzling/GH Breitlahner
Auskünfte: Tourismusverband Mayrhofen, Tel. 05285/6760, E-Mail: mayrhofen@zillertal.tirol.at; Berliner Hütte, Tel. 05286/5223

Vor Jahrhunderten bedeckten noch dicke Eismassen, die von der Zsigmondyspitze herunterzogen, den Ort, wo sich heute die Seen ausbreiten.

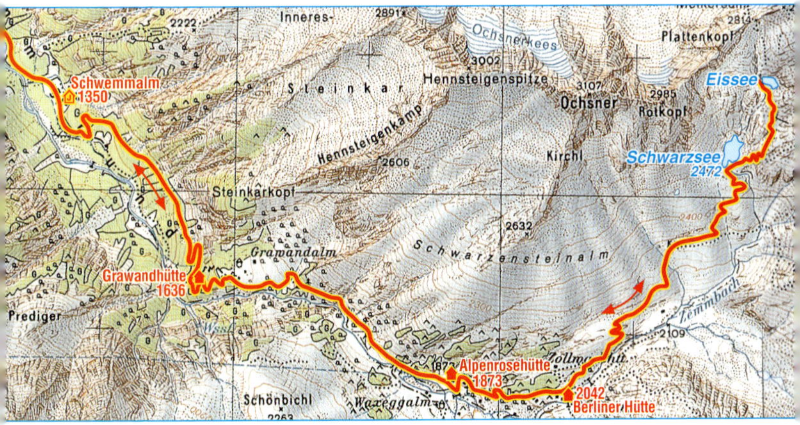

Wegbeschreibung

Vom Parkplatz den breiten Almweg Nr. 523 hinein in den hinteren Zemmgrund zur Schwemmalm (1350 m). Nun wird es zunehmend steiler, bis man in mehreren Serpentinen eine Steilstufe überwindet und zur Grawandhütte (1636 m, bewirtschaftet) gelangt. Weiter hinauf auf die Grawandalpe, in leichter Steigung den Zemmbach entlang zur Alpenrosenhütte (1873 m, bewirtschaftet) und nochmals kurz, aber steil, vorbei an einem Kriegerdenkmal, hinauf zur Berliner Hütte (2042 m, bewirtschaftet) – ab Breitlahner ca. 3 Std. Nun geht es über den Zentralalpenweg (Nr. 502) in meist nordöstlicher Richtung bei mäßiger Steigung über die Hänge der Schwarzensteinalpe hinauf zum Punkt 2256 m (Weggabelung). Weiter geradeaus quert man in das Feldkar hinein, wo es noch kurz eine steile Karschwelle zu überwinden gilt, bevor man in ein Karbecken mit dem darin liegenden Schwarzsee gelangt – ab Berliner Hütte ca. 1½ Std. Um zum kleineren Eissee zu kommen, wandert man kurz am Seeufer entlang und steil in Serpentinen hinauf bis zu einer Weggabelung. Hier nun links auf den Weg Nr. 522 und zu guter Letzt in einem weiten Linksbogen hinauf zum Eissee.

Abstieg: wie Aufstieg.

Am Eissee und Schwarzsee

Der Eissee hat seinen Namen von der Eiszunge eines kleinen Gletschers, der von der mächtigen Zsigmondyspitze bis in dessen Becken reichte. Der See ist rund 110 m lang, 65 m breit und 3 m tief.
Der Schwarzsee (245 m x 140 m) wird u. a. vom Bach aus dem höher gelegenen Eissee gespeist.

Wie verständigt man die Bergrettung? Wirkungsvoller als der „Alpine Notruf“ (sechs optische oder akustische Zeichen in der Minute) ist zumeist ein Notruf über das Handy: 140 = Bergrettung, 112 = Euro-Notruf.

Blick über die oberste der Steinberger Lacken das Alpbachtal hinaus bis ins Inntal und zum Rofan (Tour Seite 49).

Blick über den Pfannsee zum Zillertaler Hauptkamm (Tour Seite 35).

Steinkarlspitzsee, 2230 m

Gipfellage mit Blick auf vier Gebirgsgruppen

Lage: Im westlichen Zillerkamm, zwischen Gerlostal und Zillergrund
Schwierigkeit: Teilweise steile, aber technisch leichte Tour mit vielen Aussichtspunkten
Gehzeit: ↑ 2 Std., ↓ 1 Std.
Höhenunterschied: ↑↓ 580 m
Landkarte: Mayr WK 33 – Zillertaler Alpen
Ausgangspunkt: Hainzenberg / Gerlossteinbahn-Talstation (950 m)
Anfahrt: Inntalautobahn – Ausfahrt Wiesing/Zillertal – Zell a. Ziller – Hainzenberg
Auskünfte: Tourismusverband Zell am Ziller, Tel. 05282/2281, E-Mail: info@zell.at; Gerlosstein-Berggasthaus, Tel. 05282/2419, E-Mail: gerlosstein@gerlosstein.com

Vom Steinkarlspitzsee hat man ungehinderte Sicht in alle Himmelsrichtungen: Vom Zillertaler Hauptkamm mit seinen mächtigen Dreitausendern geht der Blick über die Tuxer Voralpen und die Kitzbüheler Alpen hinaus ins Inntal und zum Rofangebirge.

Wegbeschreibung

Von der Bergstation der Gerlossteinbahn und dem Berggasthaus Gerlosstein biegt man gleich rechts ab und folgt dem Steig Nr. 8 in südlicher Richtung zuerst in mä-

Der Pfannsee zeichnet sich durch eine recht originelle, schlangenähnliche Form aus. Blick gegen das Törljoch und die Karspitze links, der Zillertaler Alpenhauptkamm im Hintergrund (siehe nächste Seite).

ßiger Steigung, später zunehmend steiler und in Serpentinen hinauf auf den Westgrat der Gerlossteinwand (2166 m) und über diesen auf den Gipfel. Von dort den Kamm entlang weiter kurz hinauf auf den Freikopf (2203 m) und auf dessen Südwestseite, vorbei an der Vorkellalm, hinunter in ein kleines Tälchen, das man quert. Anschließend wandert man um den Kamm des Heimjöchls herum und kommt in ein zweites kleines Tal. Diesem nun bei geringer Steigung in südlicher Richtung entlang, einmal über den Bach, und zuletzt etwas steiler hinauf auf die Steinkarlspitz mit dem gleichnamigen See.

Abstieg

Auf dem Aufstiegsweg zurück zum Kamm des Heimjöchls, anschließend den Kamm entlang weiter hinab zum Heimjöchl (1984 m) und über den Jubiläumssteig in einem weiten Linksbogen zurück zur Bergstation der Gerlossteinbahn.

Am Steinkarlspitzsee

Der rund 70 m lange und 50 m breite Steinkarlspitzsee bietet eine Besonderheit: Er befindet sich nicht etwa in einem Kar oder unweit eines flachen Joches, sondern direkt auf einem breiten Berggipfel.

Ross-, Pfann-, Platzlseen, 2370 m

Fünf-Seen-Wanderung über Zell am Ziller

Lage: Hoch über dem Gerlostal, zwischen Karspitze, Kreuzjoch und Gamsköpfl
Schwierigkeit: Ohne Probleme; die mögliche Variante ist jedoch schwierig (Gehen im weglosen, blockigen Gelände)
Gehzeit: ↑ 2½ Std., ↓ 2 Std; Variante: ↓ 2½–3 Std.
Höhenunterschied: ↑↓ je 814 m
Landkarte: Mayr WK 33 – Zillertaler Alpen oder WK 31 – Vorderes Zillertal
Ausgangspunkt: Rohr bei Zell a. Ziller / Zillertal Arena Talstation (570 m)
Anfahrt: Inntalautobahn – Ausfahrt Wiesing/Zillertal – Zell a. Ziller
Auskünfte: Tourismusverband Zell a. Ziller, Tel. 05282/2281, E-Mail: info@zell.at; Zeller Bergbahnen Zillertal, Tel. 05282/71650, www.zillertalarena.at

Wegbeschreibung

Von der Bergstation Rosenalm (1744 m) links ab und zuerst auf dem breiten Almweg Nr.10 mäßig steil hinauf zur Gründlalm. Hinter dieser links abzweigend auf dem Almweg weiter, bis nach wenigen Minuten rechter Hand ein Steig (Wegweiser Kreuzjoch, Karspitze) beginnt. Über diesen in gut 1 Std. hinauf aufs Törljoch (2189 m). Um von dort direkt zum Rosssee zu gelangen, geht man nach rechts hinauf auf die Karspitze

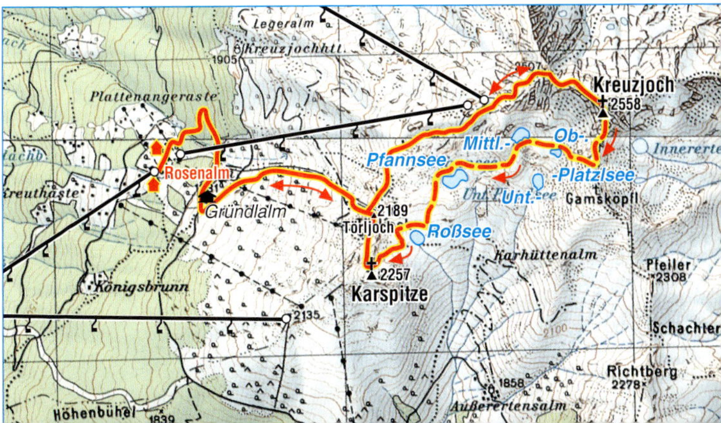

(2257 m) und auf der anderen Seite in wenigen Minuten hinunter zum See.

Für die große Seenrunde zweigt man am Törljoch links ab und folgt dem Steig Nr. 10, teilweise über Skipisten, vorbei an der Bergstation des Krimml-X-Press, hinauf aufs Kreuzjoch (2558 m), von wo man einen herrlichen Überblick über alle fünf Seen des Außerertenskares genießt.

Aufgrund seiner zentralen und tief im Relief des Außerertenskares verborgenen Lage ist der Mittlere Platzlsee der am schwierigsten zugängliche aller fünf Seen.

Abstieg: wie Aufstieg, oder Variante.

Variante

● Vom Kreuzjoch folgt man dem Steig über den Südgrat Richtung Gamsköpfl. Bei einer kleinen Einsattelung kurz vor dem Gipfel rechts ab und über die – vom Kreuzjoch aus gesehen – erste große Steinhalde steil, über grobes Blockwerk in einem leichten Rechtsbogen hinunter zum Oberen Platzlsee. Von dort in westlicher Richtung kurz hinab zum Mittleren Platzlsee und dessen Abfluss weiter, nunmehr wieder steiler abwärts direkt zum Pfannsee. An dessen rechtem Ufer entlang bis zum Westende, von dort abermals in wenigen Minuten in südwestlicher Richtung steil, über Wiesen hinunter zum Rosssee. Abschließend über den Steig zurück aufs Törljoch und über den Aufstiegsweg hinunter zur Rosenalm.

Am Rosssee, Pfannsee und den Platzlseen

Der Rosssee (2155 m) weist größere Wasserstandsschwankungen auf. Daher zeigt er nur im Frühsommer seine größte Ausdehnung (105 m x 90 m).

Der Pfannsee (2235 m) ist mit 175 m x 70 m der größte der fünf Seen.

Der Untere, Mittlere und Obere Platzlsee sind bis zu 100 m lang, 70 m breit und fast 3 m tief.

Vom Kreuzjoch hat man einen herrlichen Blick über alle fünf Seen des Außerertenskares sowie auch auf die mächtige Bergwelt des hinteren Zillertales.

Innerertenssee, 2330 m

Einsames Ziel hoch über dem Gerlostal

Lage: Im Innerertenskar, südlich des Kreuzjochs und der Wilden Krimml
Schwierigkeit: Leicht bei sicherem Gehen im weglosen Gelände
Gehzeit: ↑ 2½ Std., ↓ 1½ Std.
Höhenunterschied: ↑↓ je 540 m
Landkarte: Mayr WK 33 – Zillertaler Alpen
Ausgangspunkt: Gerlos (1258 m) / Talstation der Isskogelbahn
Anfahrt: Inntalautobahn – Ausfahrt Wiesing/Zillertal – Zell a. Ziller – Gerlos
Auskünfte: Tourismusverband Gerlos, Tel. 05284/5244, E-Mail: gerlos@telecom.at

Trotz der unmittelbaren Nähe des Kreuzjochs, einem viel begangenen Aussichtsberg, trifft man am Innerertenssee höchstens ein paar Schafe.

Wegbeschreibung

Von der Bergstation der Isskogelbahn in nordwestlicher Richtung kurz auf einem Almweg, anschließend auf dem Steig Nr. 1, vorbei an der Ebnerfeldaste, hinauf auf den Isskogel-Ostgrat und über diesen bei leichter Steigung auf den Isskogel (2263 m). Anschließend kurz hinunter zur Bergstation der Teufeltalbahn und hinter dieser auf einem breiten Almweg

Der Innerertenssee im Innerertenskar unterhalb des Gipfels des Kreuzjochs (2558 m).

zuerst in südlicher Richtung, später in einem weiten Rechtsbogen hinunter zur Innerertenskaralm (2039 m). Von dort rechts ab und weglos dem kleinen Gebirgsbach am rechten Ufer folgend, in einem Linksbogen um eine Geländestufe herum hinauf zu einer Verebnung. Diese nun hangparallel (in südwestlicher Richtung) querend und kurz über Blockwerk hinauf zu einem kleinen See (2010 m). Von diesem abschließend wieder in nordwestlicher Richtung weiter und, ein großes Geröllfeld linker Hand passierend, nochmals recht steil hinauf zum Innerertenssee.

Abstieg

Zurück zur Innerertenskaralm, von hier weiter den Almweg abwärts zur Innerertensalm, wo man nach links abbiegt und, vorbei an der Kellneralm, in leichtem Auf und Ab über die so genannten Äußeren Räuhen zurück zur Isskogel-Bergstation gelangt.

Am Innerertenssee

Der Innerertenssee mit einem Durchmesser von gut 100 m besticht durch seine kreisrunde Form. Sein namenloser kleinerer Bruder weist nur wenig geringere Ausmaße auf.

Weit geht der Blick vom Innerertenssee über das Gerlostal zur 3073 m hohen Wildkarspitze und die westlichen Hohen Tauern.

Langer und Scheibensee, 2295 m

Die zwei größten Seen der Wilden Krimml

Lage: Im hinteren Krummbachtal, inmitten der Wilden Krimml
Schwierigkeit: Unschwierig, aber lange Tour (Kondition erforderlich)
Gehzeit: ↑ 4 Std., ↓ 2½ Std.
Höhenunterschied: ↑↓ je 1050 m
Landkarte: Mayr WK 33 – Zillertaler Alpen
Ausgangspunkt: Gerlos (1245 m) / Parkplatz Krummbachtal, ca. 1 km östlich der Talstation Isskogelbahn
Anfahrt: Inntalautobahn – Ausfahrt Wiesing/Zillertal – Zell a. Ziller – Gerlos
Auskünfte: Tourismusverband Gerlos, Tel. 05284/5244, E-Mail: gerlos@telecom.at

Zwar fordern die beiden Seen einen ziemlich langen Anmarsch, aber ihre Schönheit in der wildromantischen und fast unberührten Landschaft der Wilden Krimml lässt die Anstrengung vergessen.

Wegbeschreibung

Vom Parkplatz auf dem breiten Almweg Nr. 2 kurz hinauf zur Jausenstation Almstüberl. Weiter geht es hinein ins Krummbachtal und vorbei an der Moselsträtalm in einem weiten Linksbogen in sanfter Steigung zur Krummbachrast (bewirtschaftet). Hier nun nach rechts und auf dem Steig Nr. 2 zu-

Fast kann man sogar das Gipfelkreuz auf der mächtigen Felspyramide des Torhelms im Langen See spiegeln sehen, so kristallklar ist das Wasser desselben.

nehmend steiler zur Arzlahneralm (1773 m) hinauf. Anschließend nach links, vorbei an einer Jagdhütte, und ab hier in westlicher Richtung wieder flacher hinein in die Wilde Krimml, wo es nach einer Bachüberquerung kurz steiler hinauf zur Krimmlalm (2063 m) geht. Von dort folgt man dem Weg kurz in nördlicher Richtung bergauf, bei der nächsten Weggabelung rechts hinab zum Bach, und auf der anderen Bachseite geht's über eine Steilstufe hinauf zum Langer See (2232 m). An seinem rechten Ufer entlang bis zum Seeende, dort über den kleinen Bach und dessen Verlauf folgend, in wenigen Minuten weglos und steil, aber unschwierig hinauf zum Scheibensee (2295 m).

Abstieg: wie Aufstieg.

Am Langen See

Der zungenförmige Lange See ist mit 400 m Länge, 170 m Breite und 6 m Tiefe der größte See der Wilden Krimml.

Am Scheibensee

Er ist halb so groß wie der Lange See. Bei Wassertiefstand teilt eine kleine Landbrücke den See.

Einst, vor langer Zeit …

Wie bei vielen Tiroler Seen erzählt die Volkssage auch bei den Seen in der Wilden Krimml von unterirdischen Verbindungen: Wer in den Scheibensee taucht, kommt entweder im Langen See oder auch im etwas höher gelegenen Maurersee wieder heraus.

Als lägen sie auf einer Ebene, so erscheint es, blickt man vom Scheibensee über den darunter liegenden Langen See gegen Osten in den Salzburger Pinzgau.

Schöntalsee, 2111 m

Stilles Naturjuwel in unberührter Berglandschaft

Lage: In den westlichen Kitzbüheler Alpen, an einem Übergang von Gerlos in die Kelchsau
Schwierigkeit: Eine leichte Tour für den erfahrenen Bergwanderer. Der große Höhenunterschied von über 1000 m fordert jedoch gute Kondition.
Gehzeit: ↑ 3½–4 Std., ↓ 2 Std.
Höhenunterschied: ↑↓ je 1084 m
Landkarte: Mayr WK 33 – Zillertaler Alpen und Mayr WK 41 – Wildschönau
Ausgangspunkt: Gerlos (1245 m) / Parkplatz Krummbachtal, ca. 1 km östlich der Talstation Isskogelbahn
Anfahrt: Inntalautobahn – Ausfahrt Wiesing/Zillertal – Zell a. Ziller – Gerlos
Auskünfte: Tourismusverband Gerlos, Tel. 05284/5244, E-Mail: gerlos@telecom.at

Aus der Ferne gleicht der Schöntalsee einem großen schwarzen Fleck. Kommt man ihm aber näher, brechen sich die Sonnenstrahlen in seinem Wasser. Hochmoorblumen in bunten Farben fassen ihn ein – ein Juwel in den Kitzbüheler Alpen.

Blick auf den auf einem breiten Kamm liegenden Schöntalsee und die sich dahinter erhebende Pallspitze (2389 m). Am Bildhorizont das Brixental und der Wilde Kaiser.

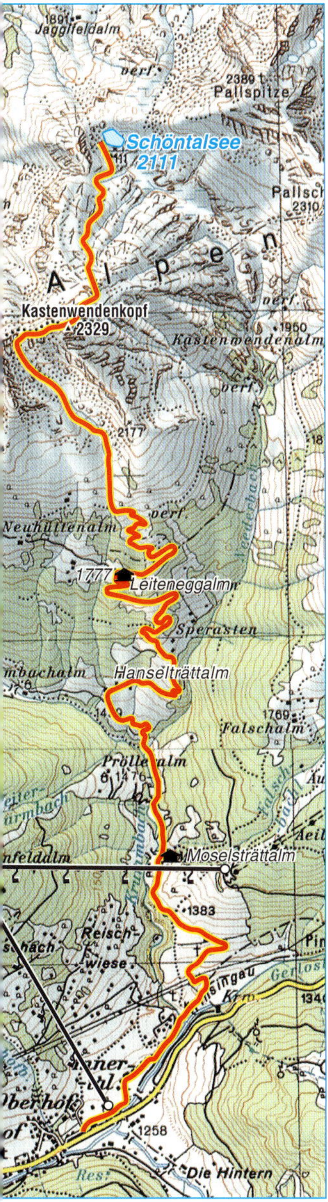

Wegbeschreibung

Vom Parkplatz auf dem breiten Almweg Nr. 2 kurz hinauf zur Jausenstation Almstüberl. Weiter vorbei an der Moselsträtalm den Almweg entlang hinein in das Krummbachtal bis zur Weggabelung Krummbachrast – Leiteneggalm. Nun rechts ab, nach der Hanselsträtalm (1459 m) in vielen Kehren hinauf zur Leiteneggalm (1777 m) – ab Gerlos ca. 1¾ Std. Anschließend biegt man wieder rechts ab und folgt einem Steig recht steil über Bergwiesen und später Karhänge hinauf zum Westgrat des Kastenwendenkopfes und in sanfter Steigung zum Gipfel (2329 m). Zuletzt geht es in mäßiger Steigung über den breiten Nordgrat des Kastenwendenkopfes in gut 20 min hinunter zum schon von weitem sichtbaren Schöntalsee.

Abstieg: wie Aufstieg.

Am Schöntalsee

Der 150 m lange, 100 m breite und 3 m tiefe Schöntalsee ist ein typischer Hochmoorsee, der nur von Regen- und Schmelzwasser gespeist wird. Der dunkle torfige Untergrund hindert das Wasser am Versickern und lässt es vor allem aus der Entfernung dunkel erscheinen.

Wissenswertes

Hochmoore erhalten im Gegensatz zu den Niedermooren ihre

Blick über den Schöntalsee gegen Südost. Im Hintergrund begrenzen Pallscharte und Ochsenkopf den Blick.

Feuchtigkeit ausschließlich vom Niederschlagswasser. Die Torfmoose bewirken den Aufbau von Hochmooren. Sie dichten den Untergrund ab und stauen das Wasser. Diese Torfmoose vertragen keine Austrocknung, daher bevorzugen sie das kühle und feuchte Klima der höheren Lagen in den Zentralalpen. An senkenartigen Stellen der Hochmoore bilden sich durch den Wasserstau oft Moorseen, die meistens nur bis zu 2 m tief werden. Die Artenzahl der dort wachsenden Blütenpflanzen ist aufgrund der vorhandenen Nährstoffarmut eher gering.

Berglsteiner See, 714 m

Wildromantischer Bergsee mit Badegelegenheit

Lage: Nordöstlich von Kramsach, 115 m über dem Reintaler See.
Schwierigkeit: Unschwierig, ideal als kurze Wanderung für Familien mit Kindern
Gehzeit: ↑ ½ Std., ↓ 20 min, Variante: ca. 20 min;
Höhenunterschied: ↑↓ je 115 m
Landkarte: Mayr WK 26 – Tiroler Seenland am Rofan
Ausgangspunkt: Parkplatz im Osten des Reintaler Sees (600 m)
Anfahrt: Inntalautobahn – Ausfahrt Kramsach
Auskünfte: Tourismusverband Kramsach, Tel. 05337/62209, E-Mail: kramsach@tirol-pur.at

Begrenzt von Bergwäldern und den schroffen Felsen der Berglsteiner Wand im Norden, bildet dieser See oberhalb des Reintaler Sees ein gern besuchtes Kleinod mit besonderem Flair.

Wegbeschreibung

Vom großen Parkplatz an der Straße am Ostende des Reintaler Sees am Wegschranken vorbei auf der autofreien breiten Schotterstraße leicht ansteigend. Dann in mehreren Serpentinen hinauf zu einem Wasserschloss, von wo der Weg in wenigen Minuten eben zum Berglsteiner See und dem gleichnamigen Gasthaus führt. Von hier aus kann man den See, in dessen Ufernähe zwei kleine Inseln aufragen, auf einem ebenen Waldsteig in etwa 20 Minuten umrunden.

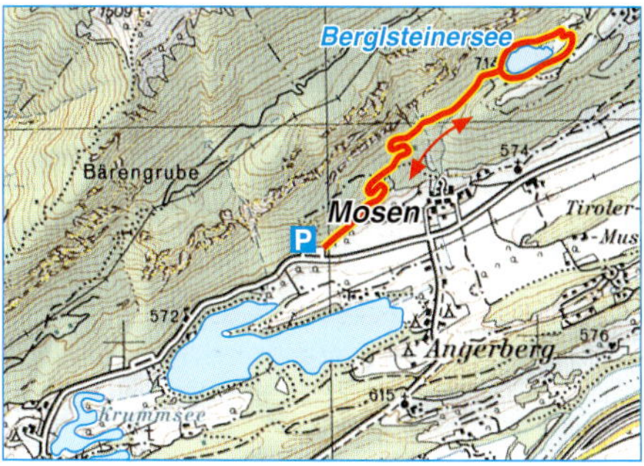

Die zwei kleinen Inseln, nach der Sage ein unglückliches Liebespaar, ragen aus dem See.

Abstieg: gleich wie Aufstieg.

Am Berglsteiner See
Nicht nur die besonders idyllische Lage des etwa 200 m langen, 95 m breiten und knapp 4 m tiefen Sees lockt zu einem Besuch, im Sommer lädt der See außerdem auch zum Schwimmen ein (Liegewiese).

Einst, vor langer Zeit …

Vor langer Zeit gab es oberhalb des Berglsteiner Sees ein Schloss namens Gückenbühl. Das schöne Töchterlein des Ritters, welchem das Schloss gehörte, liebte einen braven, aber armen Jäger. Eines Tages ließ ihn der stolze Schlossherr in seinem Grimm mit Hunden aus der Burg hetzen, sodass der Fliehende in den See stürzte und ertrank. Von dem Schicksal des Liebsten ins Herz getroffen, stieg das Ritterfräulein oft zum See nieder, um den Verlust des Liebsten zu beweinen. Als es einst wieder schwermütig in den Seespiegel blickte, erschien darin das totenblasse Antlitz des Jägers, der die Geliebte zu sich rief. Mit einem Aufschrei warf sich das Mädchen in die Wellen. Nun waren die Liebenden im Tod wieder vereint und ragen seither versteinert als zwei kleine Inseln aus dem stillen Wasser des Sees.

Steinberger Lacken, 2055 m

Verteilt über das ganze hintere Alpbachtal

Lage: Im Alpbacher Luegergraben, am Übergang in den Zillertaler Märzengrund
Schwierigkeit: Problemlos, ab Steinberger Joch z. T. weglos und steil
Gehzeit: ↑ 3–3½ Std., ↓ 2¼ Std.
Höhenunterschied: ↑↓ je 865 m
Landkarte: Mayr WK 40 – Alpbachtal
Ausgangspunkt: Inneralpbach / kleiner Parkplatz bei der Kühtalalm (1190 m)
Anfahrt: Inntalautobahn – Ausfahrt Kramsach – Brixlegg – Inneralpbach/Luegergraben
Auskünfte: Tourismusverband Alpbach, Tel. 05336/6000, E-Mail: info@alpbach.at

> Die Lacken in unterschiedlicher Ausdehnung liegen rund ums Steinberger Joch und stellen wertvolle Kleinbiotope mit einer Vielzahl an beobachtbaren Kleinlebewesen dar.

Wegbeschreibung

Von der Kühtalalm den breiten Almweg A13 abwechselnd sanft, dann wieder etwas stärker ansteigend und mehrere Weggabelungen passierend, in gut 1 Std. hinauf zur Faulbaumgartenalm (1492 m). Weiter geht es vorbei an der Filzalm (1635 m) bis zur Steinbergalm (1712 m) am Talschluss. Hier nach links und kurz in östlicher Richtung hinauf bis zu einer Verflachung (Wegweiser). Hier schlägt man wieder die südliche Richtung ein und gelangt in ca. ½ Std. auf das Steinberger Joch (1911 m), wo die ersten Lacken über den gesamten Kamm verteilt sind. Um zu den größeren der Steinberger Lacken zu kommen, wandert man den Weg am Joch ein kurzes Stück Richtung Sonnenjoch, zweigt dann links ab, quert in nordöstlicher Richtung weglos bzw. auf Steigspuren den Hang über Alpenrosenweiden und steuert eine markante Felskuppe an, die man unterhalb passiert und zuletzt einen kleinen Bach erreicht. Diesem folgt man nun recht steil, aber auf gut ausgetretenen Steigspuren wenige Minuten bis zu seinem Ursprung, den die größte der Steinberger Lacken bildet.

Ein mehrere Meter hoher Obelisk markiert das Steinberger Joch mit seinen zahlreichen Lacken.

Abstieg: wie Aufstieg, oder

Variante

Vom Steinberger Joch in westlicher Richtung in leichtem Auf und Ab über den ganzen Kamm bis zu einer kleinen, aber markanten Einsattelung. Durch die hier beginnende Rinne auf einem nicht markierten, aber gut sichtbaren Steig nach Norden hinunter auf den Almweg und zurück zur Steinbergalm und weiter talauswärts.

An den Steinberger Lacken

Rund um das Steinberger Joch lagern eine Vielzahl kleinerer und größerer Lacken. Um aber zur größten und auch schönsten der Steinberger Lacken (Maße: Länge 35 m, Breite 20 m, Tiefe bis zu 1 m) zu gelangen, muss man auch den längsten und beschwerlichsten Weg auf sich nehmen.

Die südöstlichen Ausläufer des Großen Galtenberges spiegeln sich in einer der kleineren der Steinberger Lacken.

Regenfelder Seen, 2030 m

Aufgereiht wie eine Perlenkette

Lage: In der Kelchsau, im so genannten Regenfeld im hinteren Langen Grund
Schwierigkeit: Einfache Wanderung, nur der Abstieg erfolgt steil über wegloses Gelände, was dem Wanderer ein wenig Trittsicherheit abverlangt
Gehzeit: ↑ 2–2½ Std., ↓ 1½ Std.
Höhenunterschied: ↑↓ je 589 m
Landkarte: Mayr WK 41 – Wildschönau
Ausgangspunkt: Kelchsau / Tiefentalalm (1441 m) im Langen Grund
Anfahrt: Inntalautobahn – Ausfahrt Wörgl/Ost – Hopfgarten – Kelchsau – Langer Grund (Mautstraße)
Auskünfte: Tourismusverband Kelchsau, Tel. 05335/8105, E-Mail: tvbkelchsau@netway.at

In einem ehemaligen breiteren Bachbett, in dem schon lange kein Wasser mehr fließt, liegen die vier Regenfelder Seen, durch mächtige Felsblöcke eines Felssturzes voneinander abgeschottet.

Wegbeschreibung
Von der Tiefentalalm taleinwärts über die breite Almstraße nur mäßig steil in gut ½ Std. zur Oberkaralm (1612 m). Nun über einen Steig zuerst nur mäßig, später steiler und in Serpentinen entlang des Baches hinauf zur Öfeleralm (1988 m). Hier zweigt man rechts ab (Wegweiser „Regenfeld“)

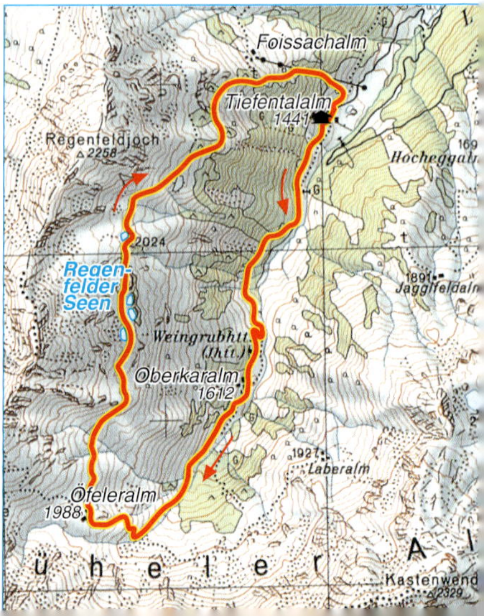

und wandert in sanftem Auf und Ab, mehrere kleine Bäche überquerend, talauswärts einen Höhenweg entlang, bis man die ersten der drei Seen erreicht. Um zum vierten See zu gelangen, folgt man dem Weg vorbei an den drei anderen Seen, hinunter in ein kleines Tälchen. Dieses querend, geht es auf der anderen Seite wieder kurz bergauf, bevor man zum letzten See gelangt, der sich hinter einem kleinen Bergkopf versteckt.

Der zweite der Regenfelder Seen, mit dem mächtigen Torhelm im Hintergrund.

Abstieg

Entweder wie Aufstieg oder dem Höhenweg weiter folgend, vorbei an einer einzelnen Almhütte, in leichtem Bergab hinunter zur Foissachalm. Dort biegt man rechts vom Weg ab und es geht nunmehr sehr steil, sozusagen querfeldein, zuerst über Bergwiesen, später durch lichten Wald hinab, quasi immer einer Linie folgend, zurück zur Tiefentalalm.

An den Regenfelder Seen

Die vier kleinen Regenfelder Seen sind zwischen 30 und 50 m lang und bis zu 30 m breit.

Einst, vor langer Zeit …

Im Gebiet der Regenfelder Seen haben einst vier Drachen gehaust, die den Bauern im Tal viel Unheil brachten. Sie zerstörten die Almen und Heustadel, rissen Kühe und Schafe, verbreiteten Angst und Schrecken. Eines Tages wurde eine junge Bäuerin von den Drachen so erschreckt, dass sie das Gleichgewicht verlor und in die Tiefe stürzte. Daraufhin stieß der Bauer einen Fluch über die vier aus, worauf sich dunkle Wolken auftürmten und es so stark und unaufhörlich zu regnen begann, dass sich vier Seen bildeten, in denen die Drachen ihr Ende fanden und jämmerlich ertranken.

Die Wildalmseen, 2324 m

Die größten Bergseen in den Kitzbüheler Alpen

Lage: Fast genau in einer Linie zwischen dem Schafsiedel und der Neuen Bamberger Hütte
Schwierigkeit: Ohne Probleme, auch für gehtüchtige Kinder geeignet
Gehzeit: ↑ ca. 3½ Std., ↓ 2 Std.
Höhenunterschied: ↑↓ je 798 m bzw. je 880 m bzw. je 1176 m
Landkarte: Mayr WK 56 – Brixental
Ausgangspunkt: Kelchsau / GH Wegscheid (1148 m) im Kurzen Grund
Anfahrt: Inntalautobahn – Ausfahrt Wörgl/Ost – Hopfgarten – Kelchsau – Kurzer Grund (Mautstraße)
Auskünfte: Tourismusverband Kelchsau, Tel. 05335/8105, E-Mail: tvbkelchsau@netway.at; Neue Bamberger Hütte, Tel. 0664/4559469

Wegen ihrer Größe und der teils schroffen Felslandschaft, in die die Wildalmseen eingebettet sind, wirken sie recht bedrohlich. Und doch, das grüne Wasser und das leise Plätschern der Wellen faszinieren und beruhigen zugleich.

Wegbeschreibung

Vom Parkplatz zuerst ein kurzes Stück auf der Forststraße, dann auf den geradewegs einmündenden Steig Nr. 718 und recht steil in vielen Serpentinen durch dichten Wald, die Forststraße mehrmals querend, hinauf auf einen Bergrücken. Hier bei der Weggabelung nunmehr auf dem Forstweg weiter und nur noch mäßig steil, später eben in einem lang gezogenen Rechtsbogen hinauf zur Kuhwildalm und über die Brücke zur Neuen Bamberger Hütte (1761 m, bewirtschaftet). Von dort flach weiter bis zu einem kleinen Bach, hinter diesem anschließend rechts ab und in ca. 30 min steil hinauf zum Unteren Wildalmsee (1937 m). An seinem Westufer entlang und in einem S-Bogen wieder sehr steil in gut einer ¼ Std. hinauf

Vom Kröndlhorn kann man den Reinkarsee und zwei der drei im benachbarten „Kurzen Grund" liegenden Wildalmseen erkennen.

Der Untere Wildalmsee: der erste, der bei einer Wanderung zu allen drei Seen erreicht wird.

zum Mittleren Wildalmsee (2028 m). Nun noch in gut einer ¾ Std. weiter steil zuerst in Serpentinen, später erneut in einem lang gezogenen S-Bogen um den Ostgrat des Schafsiedels herum und anschließend bei leichter Steigung zum Oberen See (2324 m). Für einen Abstecher auf den ca. 130 m höher gelegenen Schafsiedel veranschlagt man vom Oberen Wildalmsee aus nochmals eine gute ½ Std. über steile Karhänge.

Abstieg: wie Aufstieg.

Am Unteren, Mittleren und Oberen Wildalmsee

Die Wildalmseen sind bis zu 250 m lang, 150 m breit und an die 7 m tief. Am Unteren Wildalmsee gibt es einige Plätze in leicht erhöhter Lage, die einen herrlichen Blick über den See bieten.

Neben flachen Bergwiesen grenzen auch steile Felsen direkt an den mittleren See, von wo aus Abgehärtete in das 6° C kalte Wasser springen können.

Der Obere Wildalmsee ist der kleinste der drei Seen. Aber auch er ist mit dem eindrucksvoll über ihm thronenden Gipfel des Schafsiedels (2447 m) einen Besuch wert.

Einst, vor langer Zeit …

Auch bei den drei Wildalmseen erzählt der Volksmund von einer unterirdischen Verbindung, die Zwerge verwenden, um Gold und Edelsteine, die sie tief im Inneren des Berges abbauen, in tiefer liegende Gebiete zu transportieren. In stürmischen Nächten hört man die rollenden Schätze sogar rumpeln.

Reinkarsee, 2194 m

Großartige Ausblicke zu den Hohen Tauern

Lage: Im hinteren Windautal, zwischen der Molterfeldspitze und dem Kröndlhorn
Schwierigkeit: Technisch leicht, stellenweise jedoch steil auf schmalem Steig
Gehzeit: ↑ 2¾ Std., ↓ 2 Std.
Höhenunterschied: ↑↓ je 1014 m
Landkarte: Mayr WK 56 – Brixental
Ausgangspunkt: Westendorf / Parkplatz Foisching im hinteren Windautal (1180 m)
Anfahrt: Inntalautobahn – Ausfahrt Wörgl/Ost – Westendorf – Windautal (gebührenpflichtig)
Auskünfte: Tourismusverband Westendorf, Tel. 05334/6230, E-Mail: info@westendorf.com

Wegbeschreibung

Vom Parkplatz aus folgt man kurz der Fahrstraße hinauf zur Baumgartenalm (1243 m). Gleich anschließend biegt man rechts ab auf einen schmalen Steig (Wegweiser) und über

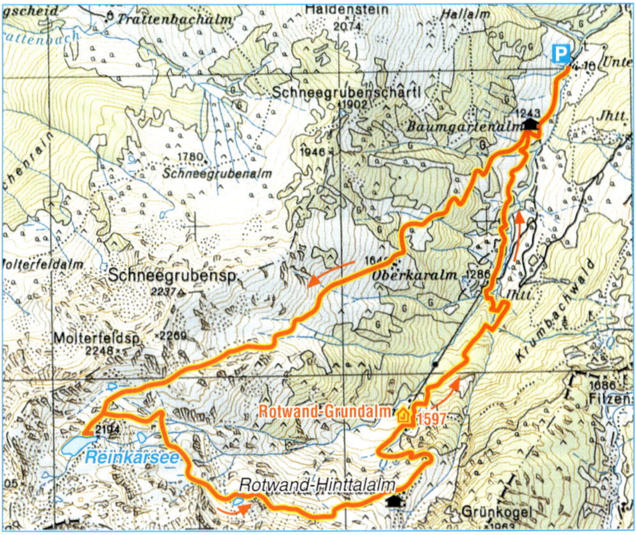

Auf dem Weg zum Reinkarsee kommt man an unzähligen kleinen Seen und Mooren vorbei, die im Herbst die Farbpalette des Hochgebirges erweitern.

diesen in mäßiger Steigung, die Fahrstraße einige Male querend, das letzte Stück auf ihr hinauf zur Oberkaralm (1640 m). Nun auf einem Steig immer in südwestlicher Richtung gleichmäßig steil zuerst über Zwergstrauchweiden, später über Grasmatten, mehrere kleine Bächer überquerend, durch ein enges Tälchen bis zu einem kleinen Joch (2100 m). Von dort kurz abwärts zu einer Weggabelung, bevor man, weiter geradeaus und eine letzte kleine Steilstufe nehmend, in gut 20 min den See erreicht.

Abstieg

Den Aufstiegsweg ein kurzes Stück hinunter zur letzten Weggabelung beim Aufstieg, von dort rechts ab und, vorbei an einer Unterstandshütte, zuerst sanft über plateauartige Feuchtwiesen in einem weiten Linksbogen, anschließend an der Rotwand-Hinttalalm vorbei, steil bergab zur Rotwand-Grundalm (1597 m, bewirtschaftet). Von hier nimmt man den Steig hinunter zur Fahrstraße und auf ihr talaus zurück zum Parkplatz.

Am Reinkarsee

Eigentlich sollte man in der Mehrzahl von den Reinkarseen reden, da den 250 m langen, 100 m breiten und etwa 10 m tiefen Hauptsee zahlreiche kleine Seen umgeben. Vom Kröndlhorn, ca. 40 Gehminuten vom See, hat man einen herrlichen Überblick über diese bezaubernde Seenlandschaft.

Im Spätsommer und Herbst darf sich der Wanderer zwischen Baumgarten- und Oberkaralm über Himbeer- und Brombeersträucher freuen, und an der Waldgrenze über Heidel- und Preiselbeeren in großen Mengen.

Blick vom Aufstieg zum Kröndlhorn hinunter auf den Reinkarsee und über mehrere Bergkämme bis hin zu den Loferer und Leoganger Steinbergen am Horizont.

Hintersteiner See, 883 m

Über die „Steinerne Stiege" zum Endziel

Lage: Im südwestlichen Teil des Wilden Kaisers zwischen Scheffau und Schwoich
Schwierigkeit: Nicht schwierig, jedoch sollten Trittsicherheit und Schwindelfreiheit gegeben sein
Gehzeit: ↑ 1¼ Std., ↓ ¾ Std., Variante: 1 Std.
Höhenunterschied: ↑↓ je 372 m
Landkarte: Mayr WK 50 – WK 51 – Wilder Kaiser
Ausgangspunkt: „Passhöhe" der Eiberg-Bundesstraße zwischen Söll und Kufstein / Bushaltestelle mit Parkplatz (665 m)
Anfahrt: Inntalautobahn – Ausfahrt Kufstein/Süd – Passhöhe der Eiberg-Bundesstraße
Auskünfte: Tourismusverband Scheffau, Tel. 05358/7373, E-Mail: info@scheffau.tirol.at

Wie die meisten Bergseen, die in kalkalpinen Gebirgen eingebettet liegen, fasziniert auch der Hintersteiner See durch sein klares Wasser. An schönen Sommertagen nimmt der See eine türkise Farbe an, die beinahe mit der Karibik wetteifern kann.

Wegbeschreibung

Von der dem Parkplatz auf der „Passhöhe" schräg gegenüberliegenden Bushaltestelle den schmalen Waldsteig entlang in ca. zwei Minuten bis zu einem Wasserschloss. Dahinter gleich scharf rechts ab und in wenigen Gehminuten steil empor zu einem flachen Forstweg. Nun etwa 100 m nach rechts, bevor man wieder links auf den Waldsteig abbiegt.

Blick von Westen über den Hintersteiner See.

Diesem erneut folgend, geht es stets steil hinauf zu einer Hochdruckwasserleitung, bei der die Steinerne Stiege beginnt. Über zahlreiche hölzerne, aber auch in den Fels geschlagene Stufen immer noch sehr steil in gut einer ½ Std. zum Beginn der Hochdruckwasserleitung, im Anschluss daran fast eben auf einem Feldweg weiter zum Hagenhof (Jausenstation) und von hier über sanft ansteigende Bergwiesen hinauf zum Maierhof (935 m, bewirtschaftet), von wo aus man in ca. 10 min auf der wenig befahrenen Asphaltstraße zur Jausenstation Goingstätt am Hintersteiner See kommt.

Abstieg: wie Aufstieg.

Variante

Für die Rundwanderung um den See geht man von Goingstätt die Straße am nördlichen Seeufer entlang bis zum Seeschwimmbad am Ostende des Sees. Hinter diesem dann nach rechts auf den Seeweg, und im Auf und Ab am Südufer entlang, bis es zuletzt wieder etwas steiler direkt zurück zum Maierhof hinaufgeht.

Am Hintersteiner See

Der Hintersteiner See zählt mit seinen 1500 m Länge, 500 m Breite und 36 m Tiefe zu den größeren und schönsten Bergseen des Tiroler Unterlandes (mit Badebetrieb).

Hirzegglacke, 1840 m

Im Antlitz der zwei mächtigen Rettensteine

Lage: Im hinteren Spertental, auf dem Grenzkamm zwischen Oberem und Unterem Grund
Schwierigkeit: Prinzipiell unschwierig, teilweise jedoch recht steil. Gute Ausdauer ist gefragt.
Gehzeit: ↑ 3–3½ Std., ↓ 2 Std.
Höhenunterschied: ↑↓ 841 m
Landkarte: Mayr WK 54 – Kirchberg oder WK 55 – Kitzbühel
Ausgangspunkt: Aschau / Parkplatz am Eingang des Oberen Grundes (1040 m)
Anfahrt: Inntalautobahn – Ausfahrt Wörgl/Ost – Brixental – Kirchberg i. T. – Spertental – Aschau
Auskünfte: Tourismusverband Kirchberg, Tel. 05357/2309, E-Mail: info@kirchberg.at

Die Hirzegglacke liegt inmitten des Landschaftsschutzgebietes Spertental-Rettenstein, das sich von Aschau aus über den gesamten hinteren Talbereich des Spertentales erstreckt. Unter Schutz seit 1984, hat das Gebiet eine Ausdehnung von 41 km und umfasst einen Höhenbereich zwischen 980 m (Aschau) und 2366 m (Großer Rettenstein). Landschaftsschutzgebiete werden im Allgemeinen zur Erhaltung der besonderen landschaftlichen Eigenart und Schönheit und des sich daraus ergebenden Erholungswertes ausgewiesen.

Wegbeschreibung

Vom Parkplatz aus geht es zuerst auf dem breiten Forstweg Nr. 714 nur leicht ansteigend in den Oberen Grund hinein bis zur Grundalm. Diese passierend, überquert man kurz darauf einen kleinen Bach, bevor man bei der gleich anschließend folgenden Abzweigung rechts in Richtung Hirzeggalm abbiegt. Nun über einen Waldsteig (Hirzeggweg) in unzähligen, lang gezogenen Serpentinen mal steil, gegen Ende hin etwas flacher werdend hinauf zur Hirzeggalm (1842 m) – ab Park-

Ein kleiner unberührter Bachlauf im hinteren Finsinggrund (Tour Seite 14).

Alpenrosen blühen in den steilen Hängen des Innerertenskares, hoch über dem gleichnamigen See (Tour Seite 38).

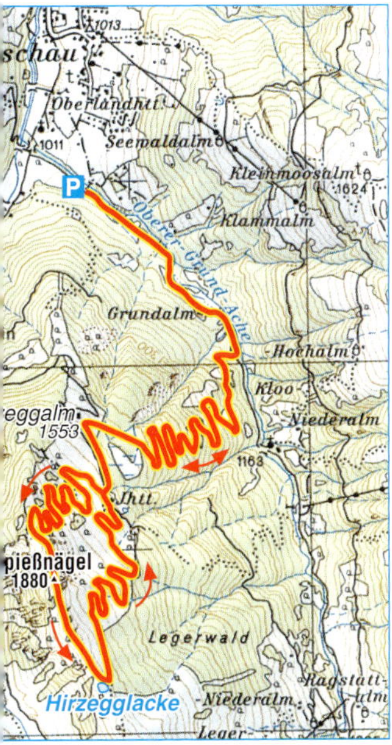

platz gut 1¾ Std. Bei der Alm zweigt man links ab, und es geht über einen nunmehr breiten Almweg in mäßiger Steigung weiter bis zu einer Jagdhütte. Hier abermals rechts ab und wiederum in zahlreichen Serpentinen und teils großer Steigung hinauf auf den Nordrücken der 1881 m hohen Spießnägel, über welchen man geradewegs zum aussichtsreichen Gipfel derselben gelangt. Zu guter Letzt wandert man auf der gegenüberliegenden Seite den Südgrat der Spießnägel in leichtem Bergab entlang, bis man nach ca. ¼ Std. die Hirzegglacke erreicht.

Abstieg

Bei der Weggabelung direkt an der Hirzegglacke zweigt man sogleich nach links ab und wandert auf dem Hirzegglackenweg über grüne Bergwiesen- und Alpenrosenhänge in nördlicher Richtung bergab, wodurch man abermals zur schon erwähnten Jagdhütte und zurück auf den breiten Almweg gelangt. Von hier erfolgt der Abstieg über den Aufstiegsweg.

An der Hirzegglacke

Die Größe der Hirzegglacke ist wie bei den meisten der Unterländer Lacken sehr variabel und stark niederschlagsabhängig. Mit einer Ausdehnung von maximal 25 m x 10 m und einer Tiefe von bis zu 1 m zählt sie zu den eher kleineren Gebirgslacken des Landes.

Kesselkarsee, 1912 m

Ein blauer Kristall im grünen Bett

Lage: Im hintersten Saukasertal, unterhalb des Gipfels des Kleinen Rettenstein
Schwierigkeit: Unschwierig, längere Wegstücke jedoch recht steil
Gehzeit: ↑ 3 Std., ↓ 1½ Std.
Höhenunterschied: ↑↓ je 872 m
Landkarte: Mayr WK 54 – Kirchberg oder WK 55 – Kitzbühel
Ausgangspunkt: Aschau / Parkplatz am Eingang des Oberen Grabens (1040 m)
Anfahrt: Inntalautobahn – Ausfahrt Wörgl/Ost – Kirchberg i. T. – Spertental – Aschau
Auskünfte: Tourismusverband Kirchberg, Tel. 05357/2309, E-Mail: info@kirchberg.at

Wenig Felsen aber viel Wiesen lassen den Kesselkarsee besonders blau aus der ihn von saftigem Grün umgebenden Landschaft hervorleuchten. Daher auch sein anderer Name: Blaue Lacke.

Wegbeschreibung

Vom Parkplatz auf dem breiten Forstweg Nr. 714 nur leicht ansteigend in den Oberen Grund bis zur Kloo-Kapelle. Dort zweigt man nach links ab, und es geht weiter über einen Waldsteig, steil und in Serpentinen, einmal eine Forststraße überquerend, hinauf zur Stadlbergalm (1629 m); ab Parkplatz ca. 2 Std. Von hier geht es nur mehr mäßig steil in südlicher Richtung über Bergwiesen hinauf auf das Kesseljoch (1830 m). Nunmehr kurz am Kamm entlang in Richtung Kleiner Rettenstein, bei der zweiten Weggabelung biegt man dann aber links ab und es geht, vorbei an eini-

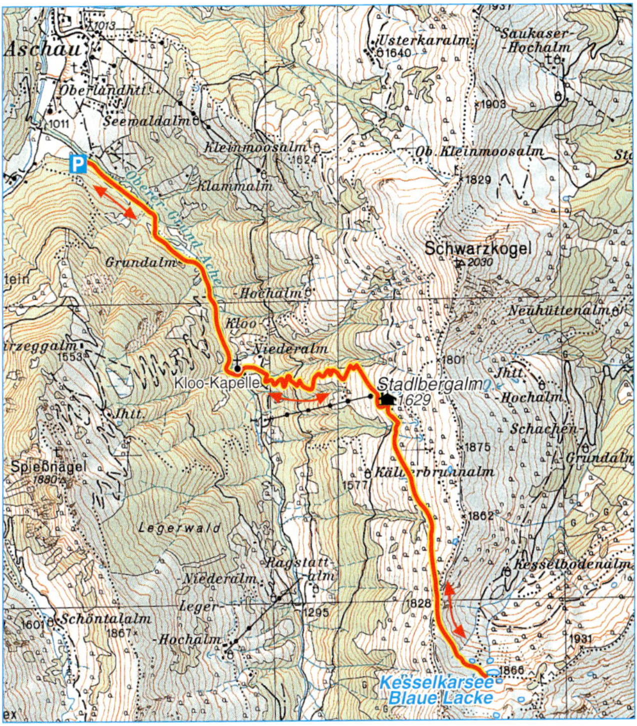

gen kleinen Lacken, zuerst sanft abwärts, anschließend nochmals kurz steil aufwärts, hinein ins Kesselkar und zum Kesselkarsee (1912 m).

Abstieg: wie Aufstieg.

Am Kesselkarsee

Die Kühe, die diese Gegend als Almweide nützen, haben in dem etwa 50 m langen, 15 m breiten und gut 1 m tiefen Kesselkarsee ihre willkommene Tränke.

Einst, vor langer Zeit …

Im Kesselkar, unterhalb des Kleinen Rettensteins hat früher einmal ein kleines Männlein gehaust. Als nun das Gerücht aufkam, dass tief im Kleinen Rettenstein ein großes Goldvorkommen liegt, stiegen die Menschen von den Tälern ins

Kesselkar hinauf, schlugen dort ihre Lager auf und begannen zu schürfen. Das notwendige Wasser bezogen sie aus dem Kesselkarsee. Das Männlein vom Rettenstein fühlte sich aber in seiner Ruhe gestört. So sprach es eines Tages einen Fluch über den Kesselkarsee aus, wodurch sich das Wasser blau färbte und für die Menschen ungenießbar wurde. Seit jener Zeit wird der See auch die Blaue Lacke genannt.

Blick über die Blaue Lacke in das sich durch und durch in mattem Grün zeigende Kesselkar bis hin zum Gipfel des Kleinen Rettensteins.

Hochtorsee, 2000 m

Im Salzburger Glemmtal, und doch in Tirol

Lage: Südöstlich von Jochberg, in einer breiten Mulde zwischen Tor und Hochtor
Schwierigkeit: Leicht, auch für gehfreudige Kinder keineswegs ein Problem
Gehzeit: ↑ 2½ Std., ↓ 1½ Std.
Höhenunterschied: ↑↓ je 1120 m
Landkarte: Mayr WK 55 – Kitzbühel
Ausgangspunkt: Aurach-Wiesenegg (820 m) / Parkplatz oberhalb der „Ruine" im Kelchalmgraben (1252 m)
Anfahrt: Inntalautobahn – Ausfahrt Wörgl/Ost – Kitzbühel – Jochberg/Wiesenegg – Grüntal – Kelchalmgraben
Auskünfte: TVB Jochberg,
Tel. 05355/5229, E-Mail: jochberg@netway.com;
Bochumer Hütte, Tel. 0664/4150575

Der halbkreisförmige Talschluss des Glemmtales mit beeindruckenden Felswänden und Wasserfällen lässt jeden Wanderer staunend innrehalten. Und hoch darüber, auf einem weiten Plateau, liegt der Hochtorsee.

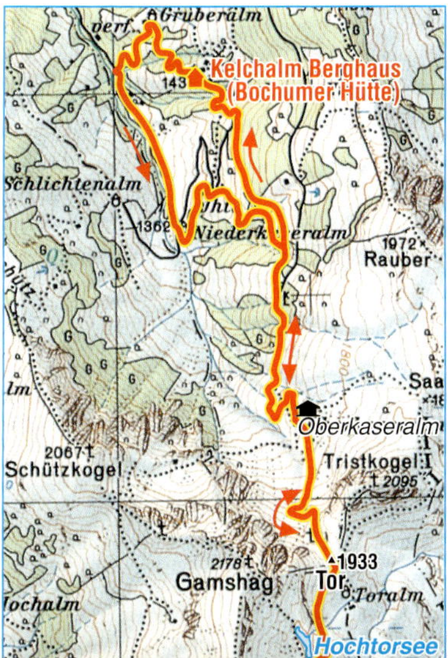

Wegbeschreibung
Vom Parkplatz am rechten der zwei Schranken vorbei und auf dem breiten Almweg Nr. 712 zuerst nur mäßig steil talein bis zur Niederkaseralm. An dieser rechts vorbei, verlässt man gleich anschließend den Weg und zweigt links ab auf einen Steig, auf dem es nunmehr recht steil über

Wie der Himmel auf Erden, so erscheint der Hochtorsee, wenn sich der morgendliche Himmel über dem Glemmtal auf der glatten Wasseroberfläche des Sees spiegelt.

Almböden hinaufgeht, bis man wieder auf den ursprünglichen Almweg zurückkommt. Nun wieder etwas flacher weiter hinauf bis zur Oberkaseralm (1730 m), von wo man über einen kontinuierlich steiler werdenden Steig in gut einer ½ Std. das sog. Tor (1933 m) erreicht. Zuletzt in einem leichten Linksbogen mit anschließendem starken Rechtsknick, die teilweise bewirtschaftete Toralm oberhalb passierend, in gut ¼ Std. hinauf zum Hochtorsee.

Abstieg

Bis zur Oberkaseralm gleich wie Aufstieg, anschließend jedoch den breiten Almweg entlang bis zur ersten großen Kehre. Hier nun ab vom Weg, geradeaus weiter und über einen Steig in wenigen Minuten bergab zur Bochumer Hütte (1432 m, bewirtschaftet, auch Kelchalm genannt) und von dort weiter über den Steig Nr. 712 hinunter zum Parkplatz.

Am Hochtorsee

Bei der Grenzziehung zwischen den zwei Bundesländern Tirol und Salzburg wurde im Bereich des hinteren Glemmtales nicht

Der mächtige Felskoloss des Geißstein spiegelt sich im Wasser des Hochtorsees. In der Bildmitte das Gipfelkreuz des Hochtores in der Morgensonne, im Hintergrund die Eisriesen der Hohen Tauern.

die sonst übliche, so genannte naturdeterministische Methode angewandt, die natürlichen Grenzlinien wie Bergkämmen oder Wasserläufen folgt. Daher befindet sich der 175 m lange, 60 m breite und knapp 1 m tiefe Hochtorsee trotz seiner Lage am Ende des Salzburger Glemmtales auf Tiroler Gebiet.

Einst, vor langer Zeit ...

Wie die heute noch sichtbaren Gebäuderuinen zeigen, war das Gebiet um die Kelchalm früher ein belebtes Bergbaugebiet. Untersuchungen ergaben, dass hier bereits zur Zeit der Urnenfelderkultur vor mehr als 3000 Jahren geschürft wurde. In der Neuzeit begann der Bergbau auf der Kelchalpe im Jahre 1769, nur wenige Jahre nach der Erschließung des benachbarten Pletzergrabens (vgl. Tour 27, Kranzlacke). Die heutige Bochumer Hütte war ursprünglich Teil dieser alpinen Bergbauanlage. Das Gebäude wurde im Jahr 1845 errichtet und diente seinerzeit als „Kanzlei" und als Wohnung für die Knappen. Einen interessanten Einblick in das einstige Knappen- und Bergwerksleben kann man heute noch im Schaubergwerk im nahen Jochberg bekommen.

Kuhkaserlacke, 1950 m

Verborgenes Kleinod beim Pass Thurn

Lage: Hoch über der Pass-Thurn-Bundesstraße, etwas unterhalb des Gipfels des Kuhkasers
Schwierigkeit: Kein Problem für berggewohnte Wanderer. Steiganlage teils aber recht schmal und stellenweise sehr steil
Gehzeit: ↑ 2½ Std., ↓ 1½ Std.
Höhenunterschied: ↑↓ je 737 m
Landkarte: Mayr WK 55 – Kitzbühel
Ausgangspunkt: Pass-Thurn-Bundesstraße / Erster Parkplatz auf der linken Seite (1213 m) nach den zwei großen Kehren hinter Jochbergwald
Anfahrt: Inntalautobahn – Ausfahrt Wörgl/Ost – Kitzbühel – Jochberg – Jochbergwald
Auskünfte: TVB Jochberg,
Tel. 05355/5229, E-Mail: jochberg@netway.at

Der Blick von der abgeschiedenen Kuhkaserlacke talauswärts über die Gemeinden Jochberg und Aurach hin zum spitz aufragenden Kitzbüheler Horn ist Höhepunkt dieser Wanderung.

Wegbeschreibung

Vom Parkplatz einen schmalen und zu Beginn noch unmarkierten und teilweise auch leicht mit Pflanzen verwachsenen Waldsteig kurz in südlicher, dann nach einer großen Wende in nordöstlicher Richtung mäßig steil bergauf. Einen Forstweg

Hoch über dem Tal liegt die Kuhkaserlacke gut verborgen in einer kleinen Mulde. Und trotzdem kann sie mit einem herrlichen Panorama aufwarten: im Hintergrund das Kitzbüheler Horn und der Wilde Kaiser.

querend gelangt man über den Steig nach ca. ½ Std. zu einer Wildfütterung. Von dort über den beginnenden Forstweg in leichter Steigung weiter in nordöstlicher Richtung hinauf zur Schöntagweidalm (1697 m). Anschließend auf dem Steig Nr. 5 etwas steiler in einem leichten Rechtsbogen weiter in nordöstlicher Richtung hinauf zu einer Verflachung am Nordrücken des Kleinen Kuhkasers. Nun auf ebenem Weg um den Rücken herum bis zur nächsten Weggabelung (Wegweiser), hier rechts ab und zuletzt recht steil über nur schlecht markierte, aber unschwierig zu findende Steigspuren in südwestlicher Richtung, immer eine markante Einsattelung rechter Hand anpeilend, hinauf zur Kuhkaserlacke. Um auf die aussichtsreiche Bergspitze des Kuhkasers zu gelangen, geht es weiter auf den breiten Rücken oberhalb der Lacke und über diesen und in gut 20 min auf den Gipfel.

Abstieg: wie Aufstieg.

An der Kuhkaserlacke

Allerlei Tiere wie Kaulquappen, Mückenlarven oder Wasserläufer lassen sich in der 50 m x 40 m großen und knapp 0,5 m tiefen Kuhkaserlacke beobachten. Ein herrliches Schauspiel bieten die Riesenlibellen, wenn sie blitzschnell und abrupt und doch anmutig über die Lacke huschen.

Die Kuhkaserlacke, von der aus ein kleiner Abstecher auf den äußerst aussichtsreichen Kuhkaser mit seinem mächtigen Gipfelkreuz auf jeden Fall lohnenswert ist.

Rosskarlacken, 1738 m

Einsames Wanderziel für Genießer

Lage: Im hinteren Auracher Graben
Schwierigkeit: Für routinierte Berggeher unschwierig, Trittsicherheit ist jedoch notwendig.
Gehzeit: ↑ 2 Std., ↓ knapp 1½ Std.
Höhenunterschied: ↑ 693 m, ↓ 754 m
Landkarte: Mayr WK 55 – Kitzbühel
Ausgangspunkt: Oberaurach / Parkplatz bei der letzten großen Linkskurve unterhalb des Wildparks (1045 m)
Anfahrt: Inntalautobahn – Ausfahrt Wörgl/Ost – Kitzbühel – Aurach – Oberaurach
Auskünfte: Tourismusverband Kitzbühel-Reith-Aurach, Tel. 05356/64622, E-Mail: info.aurach@kitzbuehel.com; Hochwildalmhütte, Tel. 05356/53563

Außergewöhnliche Ruhe herrscht an den Ufern der Rosskarlacken, dass selbst das Plätschern der kleinen Schmelzwasserbäche, die in die Seelein fließen, und das Summen der Insekten schon laut empfunden wird.

Wegbeschreibung

Vom Parkplatz auf der Forststraße (Nr. 711) zuerst flach, später zunehmend steiler und in Serpentinen in südöstlicher Richtung hinein in den Auracher Graben bis zu einem Strom-

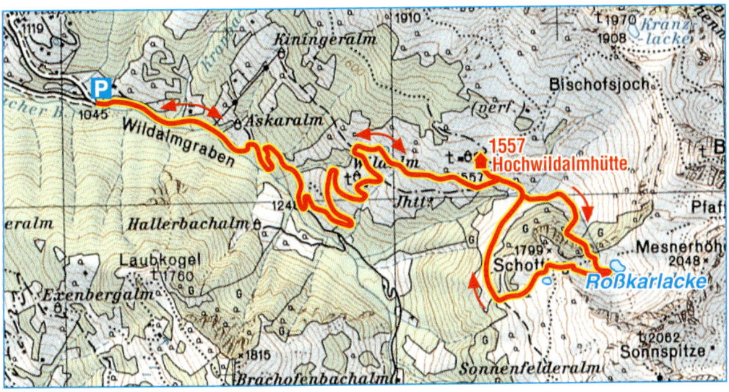

Großer Gebra (links), Weißkopfkogel (etwa. Bildmitte) und die Ausläufer des Bischofs (rechts) reflektieren im klaren Wasser der Rosskarlacken.

häuschen. Von hier noch knapp 150 m geradeaus, bei der folgenden Weggabelung dann links ab und in lang gezogenen Serpentinen weiter, die Niederwildalm passierend, hinauf zur letzten Kurve vor der Hochwildalm (1557 m, bewirtschaftet) – bis hierher ca. 1½ Std. Nun nach rechts und kurz auf einem Karrenweg hinunter zum Bach. Nach dem Übersetzen gleich links ab vom Weg und zuerst weglos über Wiesen immer rechtsufrig dem Bachverlauf folgend. Anschließend auf dem plötzlich einsetzenden, recht schmalen Steig, der teilweise auch sehr ausgesetzt und steil ist, durch Grünerlensträucher, eine Steilstufe überwindend, hinauf zu den Rosskarlacken.

Abstieg: wie Aufstieg.

Variante

Leichter ist folgender Abstieg: Von der westlichen Seite der Rosskarlacken in kurzer Steigung auf Steigspuren hinauf auf den Schotting (1799 m), von dort auf der gegenüberliegenden Kammseite wiederum auf Steigspuren verhältnismäßig steil, aber einfacher als auf dem Aufstiegsweg zuerst über Bergmatten, später durch lichten Wald geradewegs hinunter zum Steig, der zur Sonnenfelderalm führt. Hier nun nach rechts und zurück zur Hochwildalm und nach Oberaurach.

An den Rosskarlacken

Die drei knapp nebeneinander liegenden Rosskarlacken sind bis zu 75 m lang, 40 m breit und 1 m tief.

Blick über die Rosskarlacken und den Auracher Graben bis hin zum Großvenediger in den Hohen Tauern.

Kranzlacke, 1837 m

Am Übergang vom Auracher zum Pletzergraben

Lage: Unterhalb des Bischofsjochs, einem Übergang zwischen dem Auracher und dem Pletzergraben.
Schwierigkeit: Ohne größere Anforderungen, auch für gehgewohnte Kinder geeignet
Gehzeit: ↑ 2¾ Std., ↓ 1¾ Std.
Höhenunterschied: ↑↓ je 936 m
Landkarte: Mayr WK 55 – Kitzbühel
Ausgangspunkt: Oberaurach / Parkplatz bei der letzten großen Linkskurve unterhalb des Wildparks (1045 m)
Anfahrt: Inntalautobahn – Ausfahrt Wörgl/Ost – Kitzbühel – Aurach – Oberaurach
Auskünfte: Tourismusverband Kitzbühel-Reith-Aurach, Tel. 05356/64622, E-Mail: info.aurach@kitzbuehel.com; Hochwildalmhütte, Tel. 05356/53563

In einer Senke zwischen Weißkopfkogel und Bischof gut versteckt liegt die Kranzlacke, umgeben von sumpfigen Wiesen mit einem Meer von in Sonnengelb erblühten Sumpfdotterblumen!

Blick über die Kranzlacke zum Weißkopfkogel und die schroffen Formen des Wilden Kaisers im Hintergrund.

Wegbeschreibung

Vom Parkplatz auf dem Forstweg Nr. 711 zuerst flach, später zunehmend steiler immer links des Auracher Baches den Auracher Graben taleinwärts bis zu einem Stromhäuschen. Hinter diesem nach 150 m links ab (Wegweiser) und in lang gezogenen Serpentinen, vorbei an der Niederwildalm, hinauf zur Hochwildalm (1557 m, bewirtschaftet), bei der der Forstweg endet; ab Parkplatz ca. 1½ Std.
Weiter geht es nun auf einem gut markierten Steig (Nr. 711) zuerst über Almwiesen, anschließend über alpenrosenbewachsene Hänge, die auch voll von Heidelbeersträuchern sind, zuerst nur mäßig, gegen Schluss hin dann etwas steiler werdend hinauf zum Bischofsjoch (1909 m), von wo man bereits einen herrlichen Blick auf die Kranzlacke genießen kann. Zuletzt auf der anderen Kammseite, zuerst auf dem Weg, anschließend ein kurzes Stück weglos, aber unschwierig hinunter zum Ufer der Kranzlacke.

Abstieg: wie Aufstieg.

An der Kranzlacke

Ihre größte Ausdehnung erreicht die Kranzlacke im Frühsommer. Zur Zeit der Schneeschmelze und bei lang anhaltenden Niederschlägen erreicht sie eine Länge von nahezu 100 m, eine Breite von 50 m und eine seichte Tiefe von gut 1 m.

Wissenswertes

Der Hintere Pletzergraben im Bereich um den Großen Gebra, nur unweit der Kranzlacke, galt früher als eines der wichtigen

Von der Kranzlacke aus hat man einen herrlichen Blick durch den Pletzergraben nach Fieberbrunn und weiter Richtung Norden.

Eisen-Bergbaugebiete in Tirol. Neben Bleierzen wurden hier vom 13. bis ins erste Drittel des 20. Jahrhunderts vor allem Eisenerze abgebaut, die in Fieberbrunn zu Roheisen weiterverarbeitet wurden. Dieses Eisen zeichnete sich durch besonders hohe Qualität aus. Ab dem 17. Jahrhundert wurde der Bergbau rund um den Gebra auch von der Auracher Seite aus betrieben, wodurch ein Hauptverbindungsstollen entstand, der Mariä-Geburt-Stollen mit für die damalige Zeit unglaublichen 961 m Länge. Im Jahre 1936 wurde der Bergbau wegen mangelnder Rentabiliät eingestellt.

Wildsee, 1854 m

… wenn nicht sogar der schönste Bergsee Tirols

Lage: Hoch über Fieberbrunn, zwischen Wildseeloder und Henne
Schwierigkeit: Leichtes, aber lohnendes Ziel, auch für berggewohnte Kinder kein Problem
Gehzeit: ↑ 1 Std.,↓ ¾ Std.; Variante: ↑ ¾ Std., ↓ ½ Std.
Höhenunterschied: ↑↓ je 350 m; Variante: ↑↓ je 264 m
Landkarte: Mayr WK 61 – Pillerseetal
Ausgangspunkt: Fieberbrunn (790 m) / Talstation Bergbahnen Fieberbrunn
Anfahrt: Inntalautobahn – Ausfahrt Wörgl/Ost – St. Johann i. T. – Fieberbrunn
Auskünfte: Tourismusverband Fieberbrunn, Tel. 05354/56304, E-Mail: info@fieberbrunn-tirol.at; Bergbahnen Fieberbrunn, Tel. 05354/56333, E-Mail: office@schneedorado.at

Alles auf einen Blick: Der Wildsee mit dem Wildseeloderhaus am Fuß des gleichnamigen Gipfels.

Wegbeschreibung

Von der Bergstation Lärchfilzkogel (1654 m) der Fieberbrunner Bergbahnen geht man auf dem Weg Nr. 711 in südwestlicher Richtung hinunter zu den feuchten Wiesen der Wildalm (1579 m). Anschließend fast eben über diese Wiesen, bevor es, zunehmend steiler werdend, in Serpentinen in gut einer ½ Std. über eine Geländestufe hinaufgeht zum Wildseeloderhaus mit dem unmittelbar dahinter liegenden Wildsee.

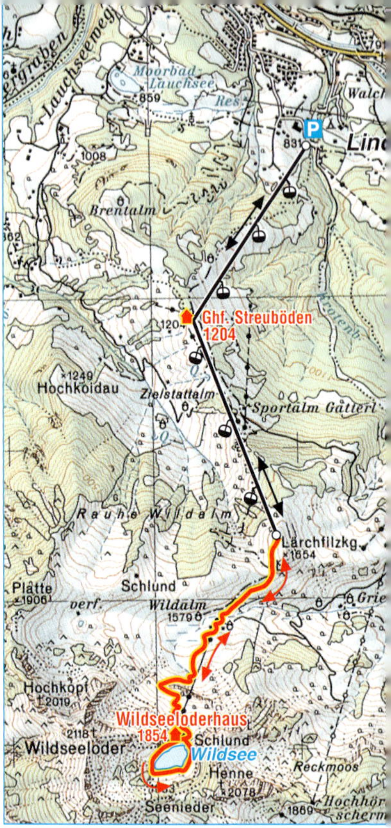

Abstieg: wie Aufstieg.

Variante

Vom Wildseeloderhaus kurz am rechten Seeufer entlang, bevor es steil, in Serpentinen hinaufgeht auf den Ostgrat des Wildseeloders (teilweise Seilversicherung) und zuletzt über diesen auf den Gipfel des „Loders".

Abstieg

Der Abstieg erfolgt entweder über den kürzeren Aufstiegsweg oder, weniger steil, über den immer breiter werdenden Südgrat hinunter zum Seenieder (1933 m) und von dort in nördlicher Richtung abwärts zum See und zurück zum „Loderhaus".

Wer vom Wildseeloder auf den Wildsee blickt, der tief in ein mit Gras, Latschen und Geröll gekleidetes Kar eingebettet liegt, sucht nach Superlativen, um diese atemberaubende Schönheit zu beschreiben.

Am Wildsee

Der ca. 260 m lange, 220 m breite und ansehnliche 15 m tiefe Wildsee liegt hinter dem Wildseeloderhaus (1854 m, bewirtschaftet) verborgen in einem über 270 m tiefen und besonders steilwandigen Kar. Zwar hat der Wildsee einen Abfluss, einen Bach wird man beim Weg zum See jedoch vergebens suchen, da dieser bereits nach wenigen Metern unterhalb des Sees im Untergrund verschwindet.

Wissenswertes

Bei geologischen Untersuchungen im Bereich des Wildsees wurde ein unterirdisches weit verzweigtes Karsthöhlensystem unterhalb des Sees festgestellt, in das auch das Wasser des Seeabflusses verschwindet und erst bis zu drei Monate später wieder ans Tageslicht gelangt.

An klaren Tagen sieht man vom Wildsee aus bis weit in den bayrischen Raum hinein.

Kufsteiner Seenrunde, 640 m

Idyllische Spazierwege nahe der Festungsstadt

Lage: Nördlich der Stadt Kufstein, zwischen Marblinger Höhe und Kiefersfelden
Schwierigkeit: Leichte Rundwanderung mit vielen Abkürzungs- und Bademöglichkeiten
Gehzeit: Rundtour: 3–4 Std.
Höhenunterschied: 110 m
Landkarte: Mayr WK 50 – Kaisergebirge oder WK 42 – Thierseetal
Ausgangspunkt: Kufstein / Hechtsee beim GH Hechtsee (552 m)
Anfahrt: Inntalautobahn – Ausfahrt Kufstein/Nord – Richtung Kiefersfelden – Hechtsee
Auskünfte: Tourismusverband Kufstein,
Tel. 05372/62207, E-Mail: kufstein@netway.at

In dichten Mischwald eingebettet, entzücken die idyllischen Seen mit den Namen Egelsee, Hechtsee, Längsee und Pfrillsee jeden Wanderer.

Der Hechtsee, mit dem mächtigen Massiv des Wilden Kaisers im Hintergrund, ist der größte der vier Kufsteiner Seen.

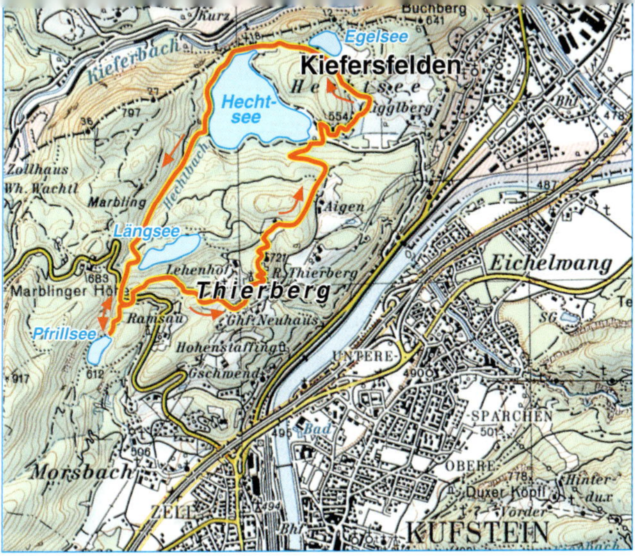

Wegbeschreibung

Vom großen Parkplatz beim Gasthof Hechtsee nicht zum See, sondern in die entgegengesetzte Richtung auf einer Schotterstraße hinauf zum „Erbhof“. Von hier auf dem Karrenweg weiter kurz bergauf und in den Wald hinein. Am folgenden höchsten Punkt der Strecke links ab und in wenigen Minuten hinunter zum Egelsee (575 m).

Hier wandert man an dessen linkem Ufer bis zum Seeende, anschließend wieder kurz bergauf, ehe man nach 10 Min. bergab zum Hechtsee (570 m) gelangt.

Am Westufer des Sees nun in ½ Std. eben entlang bis zu einer großen Weggabelung (Wegweiser Längsee). Bei dieser rechts ab, weg vom Hechtsee, und in einer weiteren ½ Std. in sanfter, aber stetiger Steigung durch den Wald hinauf zum Längsee (660 m).

Von dessen Westende in kurzer Aufwärtswanderung hinauf zur Straße, auf der anderen Seite zuerst leicht abwärts, später eben in 10 min zum Pfrillsee (640 m). Von dort auf demselben Weg zur Straße zurück, dann jedoch beim „Parkplatz Längsee“ auf einer asphaltierten Privatstraße durch den Wald zur Grundstücksgrenze des „Lehenhofes“. Nunmehr auf einem Steig südlich um dieses herum und anschließend steiler, in Serpentinen, in rund 20 min hinauf zur Wallfahrtskapelle Thierberg. Von dort zuerst wieder in Serpentinen, später dann

Vor allem aufgrund seiner einzigartigen Pflanzenwelt steht das „Naturjuwel“ Egelsee unter strengem Naturschutz.

geradeaus, immer jedoch in mittelmäßiger Steigung, hinunter zum Hechtsee und zurück zum Parkplatz.
Hinweis: Die oben beschriebene Rundwanderung enthält einige markante Weggabelungen, bei denen die Wanderung jederzeit abkürzbar ist, man dadurch jedoch trotzdem immer wieder zum Ausgangspunkt (GH Hechtsee) zurückkommt.

Am Egelsee, Hechtsee, Längsee und Pfrillsee

Der 230 m lange, 120 m breite und 8 m tiefe Egelsee zählt zu den streng geschützten „Tiroler Naturdenkmälern“ und zeichnet sich durch eine reichhaltige Seeflora aus.
Der Hechtsee, der größte der vier Seen (725 m x 710 m, 56 m tief), ist ein beliebter Badesee.
Wie schon sein Name sagt, weist der Längsee bei 455 m Länge nur 100 m Breite auf und ist 20 m tief.
Der Pfrillsee mit 170 m x 100 m ist der kleinste See in der Runde.

Wissenswertes

Egelsee und Pfrillsee sind so genannte Toteislöcher. Sie entstanden nach der letzten großen Eiszeit. Der Abschmelzvorgang setzte vor rund 20.000 Jahren ein: Kleine Eisteile haben

Aufgrund seines seichten Ufers ist der kleine Pfrillsee gerade für Kinder sehr gut zum Baden geeignet.

Blick über den Längsee zur mächtigen Pyramidenspitze im Zahmen Kaiser.

sich vom großen Hauptgletscher abgetrennt und sind ohne jede weitere Fließbewegung an Ort und Stelle geschmolzen. Toteislöcher zeichnen sich durch eine annähernd kreisrunde Form und einen stark lehmhältigen Untergrund (Grundmoräne) aus, der das Versickern des Wassers verhindert. – Die Entstehung des Hechtsees und des Längsees sind noch nicht endgültig geklärt. Neben Gletschereinflüssen könnten hier auch tektonische Bewegungen im Erdinneren an der Bildung der beiden Seen beteiligt gewesen sein.

Taubensee, 1140 m

Die Seemitte bildet die Grenze zu Bayern

Lage: Im „Schinterwinkl“, nordöstlich von Kössen
Schwierigkeit: Unschwierig, aber teilweise steile und schmale Steiganlage
Gehzeit: ↑ ca. 2 Std., ↓ 1½ Std.
Höhenunterschied: ↑↓ je 585 m
Landkarte: Mayr WK 60 – Kaiserwinkel oder WK 50 – Kaisergebirge
Ausgangspunkt: Kössen / Parkplatz beim Erlebnis-Waldbad (600 m)
Anfahrt: Inntalautobahn – Ausfahrt Kufstein/Nord – Kössen
Auskünfte: Tourismusverband Kössen, Tel. 05375/6287, E-Mail: info@koessen.at

In einer kleinen Senke gelegen, deren Wasser in tiefem dunklen Grün schimmert – dunkler, als das Grün der ihn umgebenden Fichten –, wird der Taubensee in einem äußeren Kreis von hellgrünen, im Sonnenlicht strahlenden Mischwäldern und blühenden Bergwiesen umrahmt – ein prächtiges Farbenspiel.

Wegbeschreibung

Vom Parkplatz zurück zur Bundesstraße und nach 100 m rechts ab in die zweite Seitenstraße. Nun kurz auf der Asphalt-, anschließend auf der Schotterstraße zuerst eben, später etwas steiler werdend bis zu einem Bauernhof, wo sie in einen Steig übergeht. Nun ziemlich steil, großteils durch Wald, teilweise auch über Almwiesen, immer in

Der Taubensee im Tiroler Kaiserwinkel, unweit der gleichnamigen Hütte.

nordöstlicher Richtung hinauf zur Aste der Moosenalm, ab Kössen ca. 1½ Std. Nach einer kurzen Wanderung über das flache Almgebiet in nördlicher Richtung weiter und dann steil in Serpentinen hinauf zur Taubenseehütte (1165 m, Mittwoch bis Sonntag bewirtschaftet). Von dort in 10 Minuten, vorbei am ehemaligen Zollhäuschen, leicht absteigend hinunter zum See.

Abstieg: wie Aufstieg.

Am Taubensee

Besonders zur Frühlings- und Frühsommerzeit ist der 270 m lange, 140 m breite und bis zu 8 m tiefe Taubensee, dessen Gewässer dem Fischereiverband Chiemsee gehören, einen Besuch wert, da sich gerade zu dieser Zeit Millionen von Kaulquappen in den seichteren Ufergebieten des Sees tummeln.

Wissenswertes

Bei den Bergwiesen im Aufstieg zum See und auch rund um den Taubensee selbst handelt es sich aus botanischer Sicht

um Fettwiesen, die sich im Gegensatz zu den Magerwiesen durch eine große Vielfalt an verschiedenen Blumen und Gräsern auszeichnen.
So wie fast alle Steiganlagen im Kaiserwinkel, die über die Grenze führen, waren auch jene um den Taubensee in früherer Zeit beliebte und oft begangene Schmugglerpfade. Die Region um den See galt zudem auf beiden Seiten der Grenze als beliebtes Wilderergebiet.

Wunderschöne Mischwälder, welche ganz typisch für die Region des Kaiserwinkels sind, umgeben den Taubensee.

Ortsregister

Alle Angaben in diesem Führer wurden sorgfältig recherchiert und erfolgen nach bestem Wissen. Für die Richtigkeit der Angaben kann jedoch keine Haftung übernommen werden.

Bibliografische Information Der Deutschen Bibliothek
Die Deutsche Bibliothek verzeichnet diese Publikation in der Deutschen Nationalbibliografie; detaillierte bibliografische Daten sind im Internet über <http://dnb.ddb.de> abrufbar.

2004

Umschlaggestaltung: Tyrolia-Verlag, Innsbruck
Layout: Tyrolia-Verlag, Innsbruck
Alle Fotos stammen von Alexander Hundertpfund

Routeneintragungen in den Karten: KOMPASS Verlag, Rum, nach Vorlagen von Alexander Hundertpfund
Lithographie: Artilitho, Gardolo
Druck und Bindung: Alcione, Trento
ISBN 3-7022-2561-7
E-Mail: buchverlag@tyrolia.at
Internet: www.tyrolia.at